WIEN

DER AUTOR

WALTER M. WEISS

studierte Geschichte, Publizistik und Politikwissenschaft, arbeitet seit über 30 Jahren von Wien aus als freier Autor und hat bereits mehr als 100 Sach- und Reisebücher verfasst. Zu seinen Themenschwerpunkten gehört neben dem islamischen und buddhistischen Kulturraum sowie der Kulturgeschichte Mitteleuropas insbesondere auch seine Geburts- und Heimatstadt. Nähere Informationen unter www.wmweiss.com

Unser E-Book-Code zur elektronischen Erweiterung des POLYGLOTT on tour. Das kostenlose E-Book enthält die im Reiseführer aufgeführten Adressen entlang der Touren, beispielsweise zu Essen und Trinken, Shoppen, Aktivitäten und Hotel-Tipps. Links auf einen externen Kartendienst vereinfachen das Auffinden dieser Adressen.

WWW.POLYGLOTT.DE

6 TYPISCH

8 Wien ist eine Reise wert!
12 Was steckt dahinter?
12 50 Dinge, die Sie ...
160 Checkliste Wien

20 REISEPLANUNG & ADRESSEN

22 Die Stadtviertel im Überblick
24 Klima & Reisezeit
24 Anreise
26 Stadtverkehr
30 Unterkunft
33 Essen & Trinken
38 Shopping
41 Am Abend
152 Infos von A–Z
155 Register & Impressum

46 LAND & LEUTE

48 Steckbrief
50 Geschichte im Überblick
52 Kunst & Kultur
60 Feste & Veranstaltungen
158 Mini-Dolmetscher

SEITENBLICK

28 Wien persönlich
36 Kaffeehäuser
44 Klubszene
54 Jugendstil
57 Totenkult
93 Beisln
107 Kulturschaffende
113 Schönbrunn
123 Spezialmuseen
128 Donauinsel
136 Heurige

ERSTKLASSIG

31 Die schicksten Hotels
34 Die gemütlichsten Beisln
59 Die besten Wien-Bücher
76 Gratis entdecken
85 Die beliebtesten Bars
99 Wiens schönste Märkte
114 Die schönsten Aussichten
138 Authentische Heurige

ALLGEMEINE KARTEN

4 Übersichtskarte der Kapitel
48 Die Lage Wiens

STADTTEIL-KARTEN

68 Innere Stadt
97 Wiental
110 Schönbrunn und der Westen
121 Prater und der Osten Wiens
134 Grinzing und Wiens Nordwesten
143 Ausflüge

SYMBOLE ALLGEMEIN

Erstklassig: Besondere Tipps der Autoren

Seitenblick: Spannende Anekdoten zum Reiseziel

Top-Highlights und Highlights der Destination

62 TOUREN & SEHENSWERTES

64 INNERE STADT
66 Tour 1 Imperiales Wien
81 Tour 2 Mittelalterliches Wien

94 WIENTAL
96 Tour 3 Durch das Untere Wiental
108 Tour 4 Schönbrunn und der Westen

117 DER OSTEN WIENS
119 Tour 5 Prater und östliche Bezirke

131 WIENS NORDWESTEN
133 Tour 6 Grinzing und Hausberge

139 AUSFLÜGE & EXTRA-TOUREN
140 Klosterneuburg
142 Thermen und Weinregion
144 Baden und Umgebung
146 Laxenburg
146 Nationalpark Donauauen
146 Carnuntum
148 Tour 7 Ein Wochenende in Wien
150 Tour 8 Durch die Vorstadt
151 Tour 9 Rundfahrt per Schiff

TOUR-SYMBOLE

1	Die POLYGLOTT-Touren
6	Stationen einer Tour
1	Zwischenstopp Essen & Trinken
A1	Die Koordinate verweist auf die Platzierung in der Faltkarte
a1	Platzierung Rückseite Faltkarte

PREIS-SYMBOLE

	Hotel DZ (Doppelzimmer)	Restaurant (Hauptspeise)
€	unter 90 Euro	unter 9 Euro
€€	80 bis 150 Euro	9 bis 17 Euro
€€€	über 150 Euro	über 17 Euro

Perfekte Planung > Parallel vordere Klappe aufschlagen

TOP 12 HIGHLIGHTS

1 K.-U.-K.-HOFZUCKERBÄCKER DEMEL > S. 40

2 ZENTRALFRIEDHOF > S. 57

3 STAATSOPER > S. 66

4 DOROTHEUM > S. 71

5 HOFBURG > S. 72

6 KUNSTHISTORISCHES MUSEUM > S. 79

7 MUSEUMSQUARTIER > S. 80

8 STEPHANSDOM > S. 82

9 NASCHMARKT > S. 98

10 SCHÖNBRUNN> S. 108

11 VOLKSPRATER > S. 119

12 GRINZING > S. 135

ZEICHENERKLÄRUNG DER KARTEN

- beschriebene Region (Seite=Kapitelanfang)
- 10 E h Sehenswürdigkeiten
- 4 Tourenvorschlag
- Autobahn
- Schnellstraße
- Hauptstraße
- sonstige Straßen
- Fußgängerzone
- Eisenbahn
- Staatsgrenze
- Landesgrenze
- Nationalparkgrenze

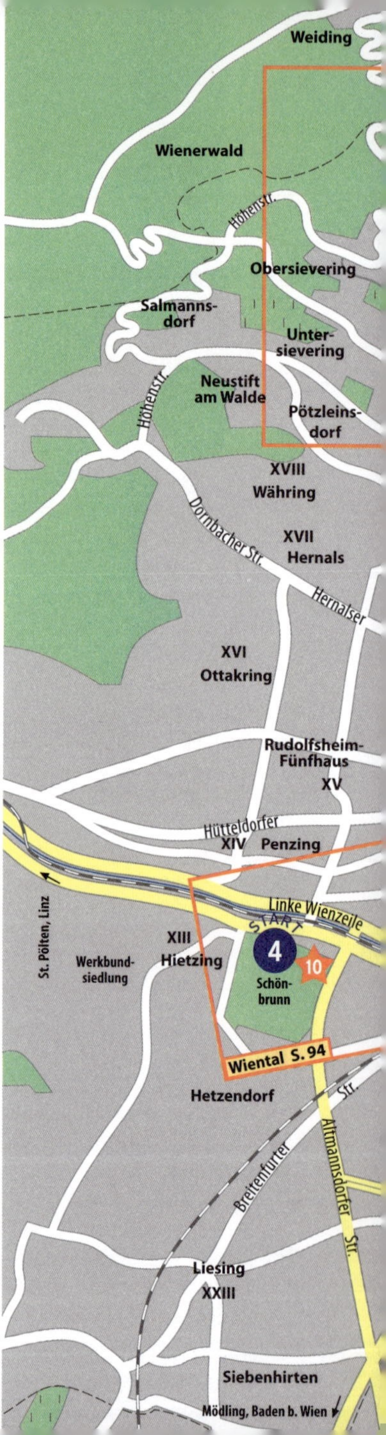

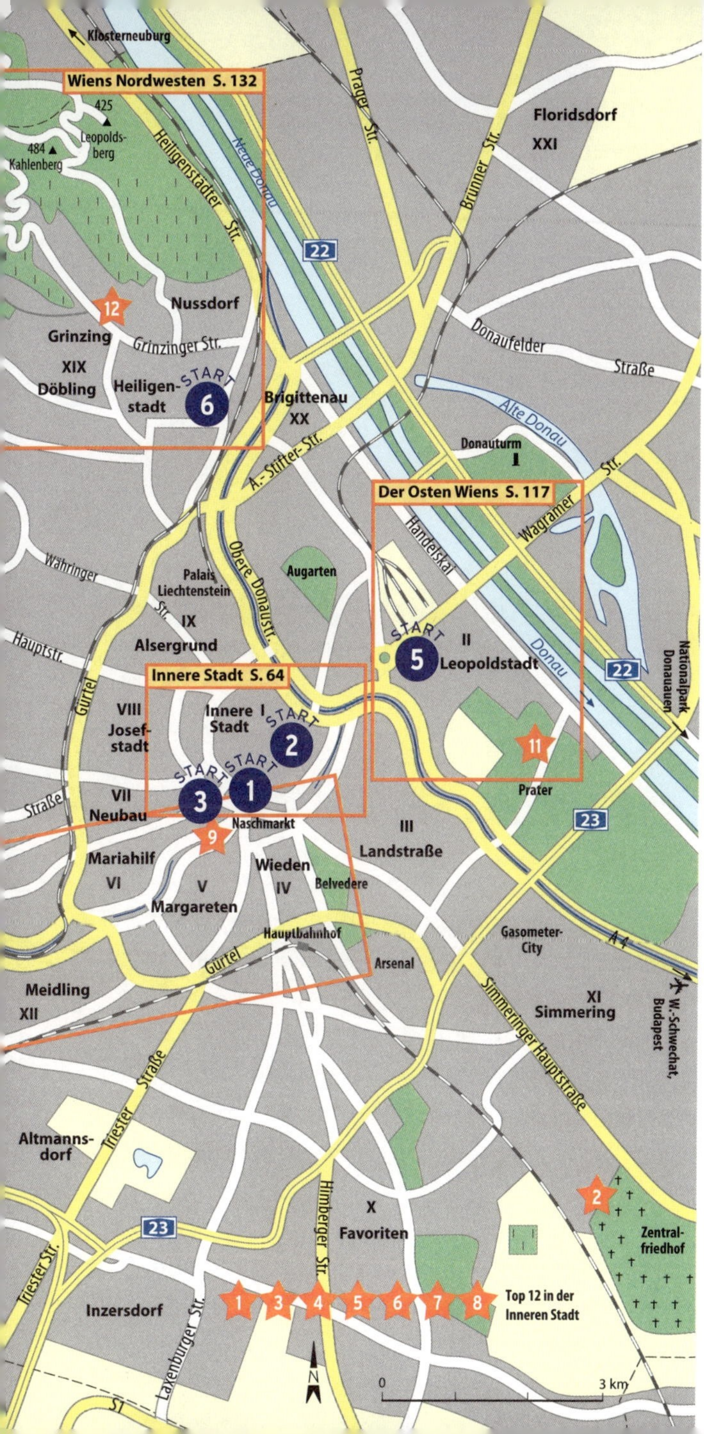

Klosterneuburg
Wiens Nordwesten S. 132
425
Leopoldsberg
484
Kahlenberg
Heiligenstädter Str.
Neue Donau
Prager Str.
Brunner Str.
Floridsdorf
XXI
22
Nussdorf
12
Grinzing
Grinzinger Str.
XIX
Döbling
Heiligen-stadt
START
6
Brigittenau
XX
Donaufelder Straße
Alte Donau
Donauturm
A.-Stifter-Str.
Der Osten Wiens S. 117
Handelskai
Wagramer Str.
Obere Donaustr.
Augarten
Währinger Str.
Palais Liechtenstein
IX
Alsergrund
Hauptstr.
START
5
II
Leopoldstadt
Donau
22
Nationalpark Donauauen
Innere Stadt S. 64
Gürtel
VIII
Josef-stadt
Innere Stadt
I
START
2
START
1
START
3
11
Prater
Straße
VII
Neubau
Naschmarkt
9
III
Landstraße
23
Mariahilf
VI
V
Margareten
Wieden
IV
Belvedere
Hauptbahnhof
Gasometer-City
A4
Gürtel
Arsenal
Meidling
XII
XI
Simmering
Simmeringer Hauptstraße
W.-Schwechat, Budapest
Triester Straße
Altmanns-dorf
Himberger Str.
2
X
Favoriten
Zentral-friedhof
23
Triester Str.
Inzersdorf
Laxenburger Str.
1
3
4
5
6
7
8
Top 12 in der Inneren Stadt
N
0
3 km
S1

Das renommierte Museum Moderner Kunst Stiftung Ludwig (MuMoK) in Wiens MuseumsQuartier

TYPISCH

WIEN IST EINE REISE WERT!

Famose Museen und Musentempel, eine architektonische Pracht sondergleichen, dazu Hotels für jeden Geldbeutel und Geschmack, eine äußerst dynamische Lokal- und Klubszene sowie viel Grün und ein idyllisches Umland: Diese 160 Seiten zeigen, was Wien einzigartig macht.

WALTER M. WEISS
arbeitet seit über 30 Jahren von Wien aus als freier Autor. Er hat bereits mehr als 100 Sach- und Reisebücher verfasst, zu seinem Themenspektrum gehören der islamische und buddhistische Kulturraum, die Kulturgeschichte Mitteleuropas und speziell auch seine Geburts- und Heimatstadt. Näheres: www.wmweiss.com

»Ein Durch-Wien-Gehen hat Folgen, die einem einfachen Menschen auf die Leber schlagen. Jedes Loch in einer Hauswand erinnert an irgendeinen Herzog, der im 16. Jahrhundert etwas getan hat, was mit Grausamkeiten oder mit Musik zu tun hatte. Tradition ist überall, man kann sich nach Gusto aussuchen, welche man will. Und wenn ein Fiaker seinen mundoffenen amerikanischen Kunden erzählt, dass Beethoven im Burgtheater geboren wurde, hat er völlig recht.« Natürlich hat Georg Kreisler, wie es sich für den scharfzüngigen Altmeister der Kabarettistenzunft ziemt, mit diesem Zitat die Wirklichkeit ein wenig zugespitzt. Denn im Grunde lässt ein Gang durch Wiens historischen Kern doch wohl eher das Herz jedes Passanten höher schlagen und seine Leber (so er zwischendurch nicht allzu oft einkehrt) unbehelligt. Und solch einen kapitalen Bock wie den mit Ludwig van und der Burg schießen selbst die weinseligsten Kutscher nur selten.

Aber als waschechter Wiener, dem die Stadt seit Kindheitstagen Lebensmittelpunkt ist, verstehe ich genau, worauf Kreisler anspielt, und gebe ihm recht: Wien ist so sehr von Tradition durchdrungen, dass man in der Tat auf Schritt und Tritt über sie stolpert. Und auch mir bleibt bisweilen immer noch der Mund offen, wenn ich erlebe, wie unbekümmert meine Landsleute die Grenzen zwischen Traum und Wirklichkeit verwischen und das Ergebnis solcher Geistestrübung der Welt noch charmant als typischen Wiener *Schmäh* verkaufen.

Mehr als 600 Jahre regierten die Habsburger von der Hofburg aus ein Riesenreich. Wo noch in Europa wurde absolutistische Macht so beharrlich geduldet, ja gerühmt? Und wo sonst könnte es passieren, dass man fast 100 Jahre nach seinem Sturz den Kaiser (und mehr noch seine Gattin »Sisi«)

weiterhin zum Mythos verklärt und als Fremdenverkehrsikone für blendende Geschäfte nutzt?

Andererseits: Selbst der aufgeklärteste republikanische Zeitgenosse wird zugeben müssen, dass Wien seine Schönheit maßgeblich dem imperialen Erbe verdankt. Unterwegs auf der Ringstraße, auf dem Heldenplatz rundum blickend oder beim Spaziergang durch die Schlossparks von Belvedere und Schönbrunn ertappe ich mich dann auch des Öfteren dabei, insgeheim die Repräsentationslust ihrer Bauherren zu rühmen. Auch Kostbarkeiten wie die Sängerknaben und Lipizzaner oder viele Kunstsammlungen in den Museen wären ohne hochherrschaftlichen Sinn für das Schöne so nie entstanden.

Was mich am gegenwärtigen Wien besonders begeistert, ist, dass man beim Streifzug durch seine K.-u.-k.-Kulisse immer wieder auf kühne architektonische Kontrapunkte – und jenseits der Donau sogar auf eine hypermoderne Skyscraper-City samt Weltklasse-Erholungslandschaft – stößt. Dass sich zu dem gastronomischen Klassiker-Dreigestirn aus Kaffeehaus,

Das prächtige Burgtheater an der Ringstraße zählt zu den bedeutendsten Bühnen Europas

Figur des Literaten Peter Altenberg als Reminiszenz im Café Central

Beisl und Heurigem längst eine unübersehbare Fülle kulinarischer Alternativen in Form neuer Gourmettempel, Spezialitätenrestaurants und In-Treffs gesellt hat. Und dass sich in den walzerseligen Dreivierteltakt seit geraumer Zeit schon die erfrischenden Töne einer quirligen Jazz-, Musical- und Crossoverszene gemischt haben. Kurz: Dass sich die ehemalige Kaiserstadt, während sie ihre tief in der Vergangenheit verankerten Wurzeln keineswegs durchtrennt, vielmehr sorgsam pflegt, inzwischen geradezu in Permanenz einer beherzten Verjüngungskur unterzieht.

Wer nun angesichts meiner Schwärmerei ob all der urbanen Historie und Kunst stirnrunzelnd nach dem idyllischen Umland fragt, wie man es von Biedermeier-Veduten, aus Schubert-Liedern oder kitschigen Fernsehserien Marke »Mariandl« kennt, den kann ich beruhigen: Wird mir Wien einmal zu bunt, reaktiviere ich meinen kleinen VW (den ich dank des perfekten »Öffi«-Netzes in der Stadt meistens dauerparkiere) und fahre ins Blaue – soll heißen: Grüne. Dort erwandere ich dann in herrlicher Abgeschiedenheit einen kleinen Wienerwald- oder Voralpengipfel, oder ich erkunde im Donau-Nationalpark per Kanu den labyrinthischen Auendschungel, oder nehme an Bord eines Ausflugsschiffes der Weltkulturerbelandschaft Wachau die Parade ab. Und egal, ob ich mich am Ende eines solchen »Mit-der-Seele-baumel-Tages« auf einer Berghütte beim herzhaften Kaiserschmarrn, irgendwo in den Weinbergen hoch über der Donau beim *Achterl* Veltliner oder in einem der famosen Fischrestaurants zwischen Marchfeld und Neusiedler See über einen zartfasrigen Zander oder Hecht gebeugt wiederfinde: Jedes Mal kommt garantiert der Moment, an dem ich still und leise dem Schicksal dafür danke, in einer so naturnahen charmanten Weltstadt leben zu dürfen.

WAS STECKT DAHINTER?

Die kleinen Geheimnisse sind oftmals die spannendsten. Hier werden die Geschichten hinter den Kulissen erzählt.

WER GRÜNDETE WIENS ERSTES KAFFEEHAUS?

Fragt man Wiener nach den historischen Wurzeln ihrer Kaffeehauskultur, erzählen Sie mit Vorliebe die Geschichte von Georg Franz Kolschitzky: Dieser wohl aus Polen zugezogene Armenier habe 1683 während der Zweiten Türkenbelagerung als kaiserlicher Kundschafter wagemutig über das Zeltlager des Feindes hinweg den Kontakt zwischen eingekesselter Stadt und Ersatzarmee hergestellt. Als Lohn sei ihm die Lizenz zur Gründung eines Cafés erteilt worden. In Wahrheit war Kolschitzky weder der einzige derartige Bote (sondern bloß der propagandistisch Gewiefteste), noch war er der erste Cafetier der Kaiserstadt. Dieser Ruhm gebührt vielmehr dem Armenier Johannes Theodat. Er durfte – zum Dank für seine Verdienste als Silberhändler – 1685 in der heutigen Rotenturmstraße (Nr. 14) das erste derartige Etablissement eröffnen.

WIESO HEISST DER FIAKER FIAKER?

Seit Ende des 17. Jahrhunderts schon verkehren in Wien jene zweispännigen, schwarzen Droschken, die heute im Rang touristischer Ikonen stehen. Ihr Name rührt von der Rue de Saint Fiacre in Paris, die ebenfalls früh schon als Standplatz ähnlicher Gefährte Berühmtheit genoss. Jene Straße ihrerseits ist nach dem Einsiedler Fiacrius von Meaux benannt, der um 600 n. Chr. von Irland nach Frankreich übersiedelte und heute als Schutzpatron der Gärtner, Kutscher und Taxifahrer gilt.

WIE ENTSTAND DER WIENER WALZER?

Die Geschichte dieses weltberühmten Drehtanzes beginnt gegen Ende des 18. Jahrhunderts. Die sozialen Umbrüche hatten damals das Menuett als gezierte Tanzform des Feudaladels in Misskredit gebracht. Das neue selbstbewusste Bürgertum gab sich lieber den leidenschaftlicheren Schritten des neuen, aus dem Ländler entwickelten Gesellschaftstanzes hin, für den alsbald Größen wie Josef Lanner sowie Johann Strauss Vater und Sohn unsterbliche Melodien komponierten. Sich zu zweit, an der Taille eng umfasst, im Dreivierteltakt zu drehen entsprach dem in Sturm und Drang geborenen Wunsch, in rauschhafter Kollektivbewegung alle Standesunterschiede zu vergessen – insbesondere in Wien, wo 1814/15 beim berühmten Kongress die erlauchtesten Staatenlenker nachts verzückt das Tanzbein schwangen, während sie tagsüber das postnapoleonische Europa nach ihren alten Regeln ordneten.

50 DINGE, DIE SIE ...

Hier wird entdeckt, probiert, gestaunt, Urlaubserinnerungen werden gesammelt und Fettnäpfe clever umgangen. Diese Tipps machen Lust auf mehr und lassen Sie die ganz typischen Seiten erleben. Viel Spaß dabei!

... ERLEBEN SOLLTEN

1 Am Dirigentenpult der Philharmoniker Einmal im Leben Wiens Vorzeigeorchester eigenhändig den Takt vorgeben: Im Haus der Musik › S. 67 haben Sie – virtuell – dazu Gelegenheit (13 €). Doch Vorsicht: Wer beim Walzer schleppt, erlebt eine Überraschung!

2 Musikfilm-Open-Air Im Juli und August mutiert der Rathausplatz allabendlich zum stimmungsvollen Musentempel. Denn beim Filmfestival › S. 76 werden gratis für alle legendäre Konzerte, Opern- und Tanzabende auf Großleinwand projiziert. Für Stärkung sorgt die Food-Meile mit kulinarischen Spezialitäten aus aller Welt.

3 Morgendlicher Marktbesuch Morgens ab 6 Uhr genießen Sie am Naschmarkt › S. 98 echte Basar-Atmosphäre. Koffein tanken Sie danach, wenn die meisten Touristen erst aufwachen, im nahen Traditionscafé Sperl › S. 96.

4 Highlife im Hof des MQ In der warmen Jahreszeit verwandeln sich die Innenhöfe des MuseumsQuartiers › S. 80 zu Freiluftwohnzimmern mit Boule, Schach, Lesungen, Audioinstallationen, DJ-Lines und Loungeliegen zum Chillen. Genießen Sie die lockere Atmosphäre.

5 Seh- und Hörgenuss Vom Cobenzl an der Höhenstraße › S. 138 aus liegt einem Wien wie auf dem Servierbrett zu Füßen. Am sog. »Lebensbaumkreis« – 40 mit Klangsäulen bestückten Bäumen – kann man picknicken und sonntags gratis Open-Air-Jazz- und Klassikklängen lauschen. Infos: www.himmel.at.

6 Stadterkundung per Citybike Auf dem Sightseeing-Radweg Ringstraße radeln Sie entlang des Boulevards rund um die Altstadt, vorbei an Wiener Top-Sehenswürdigkeiten. Einen Drahtesel hierfür können Sie zu günstigen Tarifen an mehr als 120 Bikestationen von Citybike Wien ausleihen › S. 27.

7 Aktiv an der Neuen Donau Fast könnte man glauben, Wien liege am Meer: Das Ufer des sogenannten »Entlastungsgerinnes Neue Donau« kann man sehr schön per Bike oder anderem Gefährt vom Rad- und Skateverleih › S. 128 erkunden. Man kann aber natürlich auch nach Herzenslust Spazieren, Joggen, Schwimmen, Grillen oder einfach Strandfeeling pur genießen.

Urlaubsgefühle beim Sonnenuntergang in der Strandbar Herrmann am Donaukanal

8 Legendäre Filmklassiker nacherleben Auf den Spuren von Carol Reeds »Dritter Mann« unternehmen Sie eine Zeitreise ins schwarzweiß-düstere Wien der Nachkriegszeit unter Tage bei einer spannenden Führung durch die Abwasserkanäle (10 €). Der Einstieg ist am Karlsplatz gegenüber Café Museum C4. Hintergründe liefert das Dritte Mann Museum (4., Pressgasse 25, www.3mpc.net), den Kinoklassiker zeigt das Burgkino (1., Opernring 19). Alle Infos: www.drittemanntour.at.

9 Universitärer Rundgang Im Arkadenhof der ehrwürdigen Alma Mater erinnern über 150 Büsten an berühmte, einst hier tätige Gelehrte, darunter – was Kritik einbrachte – mit Marie von Ebner-Eschenbach nur eine Frau. Per Audioguide-Tour (3 €) erfahren Sie mehr › S. 77.

10 Bootspartie auf der Alten Donau Vor hypermoderner Hochhauskulisse schippern Sie im Tret- oder Ruderboot über das stille Donaugewässer und kehren am Abend in einem der gemütlichen Ufergasthäuser ein. Adressen von Bootsverleih- und Gastronomiebetrieben: www.alte-donau.info/betriebe.htm.

11 Zu Mozarts letzter Ruhestätte Beim Spaziergang über den Sankt Marxer Friedhof J6, Wiens einzigen Biedermeier-Gottesacker, schwelgen Sie in Melancholie und huldigen Mozart an seinem Grab (April–Sept. tgl. 6.30–20, Okt.–März bis 17 Uhr; 3., Leberstr. 6–8).

... PROBIEREN SOLLTEN

⓬ **Schokobraunes Konkurrenzprodukt** Die Sachertorte kennt die ganze Welt. Aber probieren Sie doch einmal die nicht minder leckere Imperialtorte des gleichnamigen Hotel-Kaffeehauses › S. 37.

⓭ **Figlmüller-Schnitzel** Kein Geheimtipp, aber ein Muss: Ein klassisches Wiener Schnitzel in goldgelber Panade. Die berühmtesten – und größten (ab 14,90 €) – gibt's beim Figlmüller in der Wollzeile 5 › S. 85 oder in der Bäckerstraße 6.

⓮ **Knackige Wurst am Straßenrand** Steuern Sie auf eine Käsekrainer, Bosna, Buren- oder Bratwurst einen der vielen Würstelstände an. Ein beliebter Standort dieser Wienerischen Institution ist Bitzingers Würstelstand › S. 71 vor der Albertina (tgl. 8–4 Uhr).

⓯ **Süßes aus den K.-u.-k.-Kronländern** Apfel- oder Topfenstrudel, Kaiserschmarrn oder Powidltascherln: Wiens Köche huldigen mit Hingabe der hohen, einst aus Ungarn und Böhmen importierten Kunst der Mehlspeisenherstellung. Aufgetischt werden sie u.a. in jedem besseren Heurigen, wie bei Müllers › S. 138 in Grinzing (19.).

⓰ **Pikantes im Gulaschmuseum** › S. 33 Kosten Sie sich durch die Variationen von Ungarns Nationalgericht, am besten mit einem frisch gezaptem Bier dazu. Des Autors Favourite: Herren- alias Fiakergulasch mit den Einlagen Essiggurke, Spiegelei und Wiener Würstel.

⓱ **Aidas Punschkrapfen** Probieren Sie das Gebäck mit seiner rosa Glasur und rumhaltigen Füllung in einer Filiale der im 1950er-Jahre-Zuckerlrosa-Stil designten Café-

Auf Wiens Naschmarkt lockt auch ein traditioneller Würstelstand zum Imbiss

Konditorei-Kette Aida, z. B. am Stephansplatz F3 (Singerstr. 1) oder gegenüber der Oper E4 (Opernring 7). Weitere Adressen: www.aida.at.

18 Des Kaisers Leibgericht Die Wiener Spezialität Tafelspitz, gekochtes Rindfleisch, mit klassischen Beilagen wie Spinat, Röstkartoffeln und Apfelkren, ist besonders zartfasrig bei Plachutta in Hietzing › S. 116 oder in seinen Filialen (1., Wollzeile 38 und 19., Heiligenstädterstr. 179).

19 Ein ganz besonderer Rotwein Besichtigen Sie Stift Klosterneuburg und probieren Sie aus seiner Kellerei ein Gläschen Zweigelt › S. 141 – die Rebsorte wurde vor fast 100 Jahren vom Direktor der Weinbauschule gezüchtet und nach ihm benannt. Natürlich gibt's auch Flaschen zum Mitnehmen (ab ca. 5 €).

20 Altwienerische Deftigkeiten Für Fleischliebhaber: Tun Sie sich mal an einer gerösteten Leber, einem Beuschel, Schopf- oder Zwiebelrostbraten gütlich. Berühmt für solch herrliche Sünden ist das urige Beisl Ubl › S. 34 in Wieden (4.).

… BESTAUNEN SOLLTEN

21 Demelmuseum Im Keller des weltberühmten K.-u.-k-Hofzuckerbäckers und Kaffeehauses › S. 40 können Sie jeden Freitag von 10 bis 12 Uhr all die fantastischen Kreationen bewundern, mit denen die Konditoren des Hauses über die Jahre die Schaufenster dekorierten.

Kunst von Ernst Fuchs in der Wagnervilla

22 Frühes Stadtporträt Im Museum des altehrwürdigen Schottenstifts › S. 91 finden Sie am Schottenmeisteraltar die über 500 Jahre alte Tafel »Flucht nach Ägypten« und darauf die älteste topografisch korrekte Ansicht Wiens.

23 Triumph der Täuschung Lassen Sie sich in der Jesuitenkirche von Andrea Pozzos frühbarocker Illusionsmalerei, besonders seiner perspektivisch raffinierten Scheinkuppel › S. 86 den Kopf verdrehen.

24 Hohe Kunst im Quadrat Erweisen Sie Ernst Fuchs, dem Altmeister der Phantastischen Realisten, die Reverenz mit einem Besuch seines Museums, eingerichtet in der wohl großartigsten Villa Otto Wagners › S. 54. in Hütteldorf (Di–So 10–16 Uhr, 11 €; 14., Hüttelbergstr. 26, U4 Hütteldorf, Bus 148, www.ernstfuchsmuseum.at).

Kleine Verführungen von Altmann & Kühne kommen auch als Wien-Mitbringsel gut an

25 Haus des Meeres D4 In dem adaptierten Weltkriegsbunker faszinieren Fische und Reptilien aus aller Welt; Highlights sind das riesige Haibecken und ein Brandungsriff (18,50 €, Kinder ab 8,40 €; 6., Fritz-Grünbaum-Platz 1, www.haus-des-meeres.at).

26 Oper im Taschenformat Ein entzückend altmodisches Vergnügen v. a. für Familien ist eine Vorstellung im Schönbrunns Marionettentheater › S. 112 (Erw. ab 29 €, Kinder ab 19 €; www.marionettentheater.at).

27 Musikstadt Wien einmal anders Die sträflich wenig beachtete Sammlung alter Musikinstrumente in der Neuen Burg › S. 74 präsentiert wertvolle historische Instrumente, darunter viele aus dem Besitz berühmter Virtuosen und Komponisten (tgl. außer Mi 10–18, Fr bis 21 Uhr).

28 Zerbrechliche Kostbarkeiten Im Obergeschoss des Stammgeschäfts in der Kärntner Straße präsentiert der weltberühmte Lüsterhersteller Lobmeyr › S. 38 in seinem Glasmuseum einen Querschnitt von fast 200 Jahren Glaskunst.

29 Das Wiener Becken zu Füßen Schlürfen Sie einen Sundowner in der »57 Lounge« im 58. (!) Stock des DC Tower › S. 130. Der Blick reicht bei günstigem Wetter bis weit in die Alpen (Donau-City-Str. 7; Di–Do 16–1, Fr/Sa bis 2 Uhr).

30 Schiffsrundfahrt Nehmen Sie Österreichs prächtiger Metropole die Parade vom Wasser aus ab. Eine Fahrt auf Donau und Donaukanal › S. 151 eröffnet reizvolle und kontrastreiche Perspektiven, sehr reizvoll auch als Abendrundfahrt.

31 Hochamt in der Augustinerkirche Lieben Sie Kirchenmusik? Im gotischen Prachtambiente der Hofpfarrkirche › S. 72 bringen zum Hochamt Chor und Orchester des Hauses Messen von Haydn, Mozart oder Schubert zu Gehör (So/Fei um 11 Uhr, Eintritt frei; www.hochamt.at).

32 Zaungast beim Life Ball Um bei der pompösen Anti-Aids-Benefiz-Gala »Life Ball« › S. 44 Ende Mai mitzufeiern, braucht man Tickets. Doch die glamouröse Eröffnungszeremonie samt Red Carpet und Fashion Show auf dem Vorplatz kann man live und gratis erleben.

... MIT NACH HAUSE NEHMEN SOLLTEN

33 Erlesenes Dorotheum-Souvenir Sollten Sie keine Zeit für eine Versteigerung haben: In dem traditionsreichen Auktionshaus finden Sie sicher im Bereich »Freier Verkauf« › S. 39 ein Mitbringsel nach Ihrem Gusto und Budget.

34 Design aus dem Museum Fundgruben für stilvolle Souvenirs sind die Museumshops, besonders originell sortiert ist jener des Museum für Angewandte Kunst › S. 86 mit seinen wienspezifischen »Art Editionen« und »MAK ARTikeln«.

35 Augen- und Gaumenfreude Altmann & Kühne › S. 39 ist berühmt für handgefertigtes, in winzigen Kommoden, Quastelschachteln oder Hutköfferchen putzig verpacktes Miniaturkonfekt – eine einzigartige süße Erinnerung (ab 12,50 €).

36 Wien witzig In der Galerie »Komische Künste« im MuseumsQuartier › S. 81 zeigt die rot-weiß-rote Cartoonisten-Gilde von Haderer bis Rubinowitz, was sie kann. Die Ergebnisse ihres gepfefferten Schmähs warten, als Originale oder faksimiliert im Shop auf Liebhaber (ab ca. 90 €; 7., Museumspl. 1, www.komischekuenste.com; tgl. 11–18 Uhr).

37 Wein aus Wien Wussten Sie, dass Wiens Winzer echte Edeltropfen keltern, etwa das Weingut Wieninger (Flasche ab 8 €). Der vielfach preisgekrönte Betrieb lädt in seinem Stammersdorfer Heurigen › S. 138 auch zur gepflegten Einkehr. Weitere Adressen: www.wienwein.at.

38 Manner-Schnitten Die mit feiner Haselnuss-Kakaocreme gefüllten Waffeln sind weltbekannt, Variationen der zartrosa verpackten Wiener Süßigkeiten und Manner-Accessoires finden Sie im Flagship-Store am Stephansplatz › S. 84.

39 Süß-Saures aus Ottakring Bei Staud's am Brunnenmarkt › S. 99 können Sie leckere Konfitüren, Gelees und eingelegte Gemüse verkosten und erstehen (www.stauds.com; Di–Sa 8–12.30, Fr auch 15.30–18 Uhr). Tipp: Konfitüre aus der Donautal-Marille (Aprikose).

40 Gewürzter Alltag Bringen Sie neuen Schwung in Ihre Küche mit ein paar Kostproben aus der reich-

Das Wiener Publikum passt seine Kleidung dem eleganten Ambiente des Burgtheaters an

haltigen Gewürz- und Kräutertheke von Babette's E4. Ein Sommerhit: das »3er-Tragerl« für Griller, bestehend aus Steakpfeffer, äthiopischem Berbere und einem selbst gemischten Grillgewürz. Riesig ist auch das Kochbuchsortiment (4., Schleifmühlgasse 17, www.babettes.at; Mo–Fr 11 bis 18, Sa 10–15 Uhr).

41 Handbemaltes weißes Gold, Nicht ganz billig, aber ein klassisches Souvenir mit hohem künstlerischem (Erinnerungs-)Wert ist eine traditionell handgefertigte Porzellanschale, -tasse oder -vase (ab ca. 90 €) aus der weltberühmten Manufaktur Augarten › S. 38.

42 Dem Haupte zur Zier Ob Hut, Kappe oder Mütze, für Sie oder Ihn: Mit einer nach Maß handgefertigten Kopfbedeckung von Mühlbauer › S. 39 treten Sie als Stilbotschafter zeitgemäßen Wienerischen Schicks auf – sollten hierfür jedoch schon einiges über 100 € einkalkulieren.

... BLEIBEN LASSEN SOLLTEN

43 Wien im eigenen Auto Meiden Sie die engen Innenstadtgassen und die oft verstopften Zubringerstraßen. Parken Sie lieber an einer der U-Bahnstationen am Stadtrand oder in der Hotelgarage. Und nutzen Sie das gut ausgebaute Öffi-Netz › S. 26.

44 Im Freizeitlook in Burg oder Oper Nein, den Eintritt verwehrt bekommen Sie in Jeans oder Holzhackerhemd wohl nicht. Aber Sie werden sich reichlich deplatziert fühlen. Denn die Wiener legen beim Besuch ihrer Hochkulturtempel elegante Garderobe an und auf solche auch bei ihren Gästen wert.

45 Kaffee bestellen Im Kaffeehaus schlicht Kaffee, vielleicht noch auf der ersten Silbe betont, bestellen, geht gar nicht. Sie sollten schon wissen, ob Sie einen Großen oder Kleinen Braunen, Mokka, Melange oder Verlängerten wollen › S. 36.

46 Beim »Schmattes« knausern Zeigen Sie sich gegenüber dem Hotel- und Servicepersonal, Taxifahrer, Friseur etc. großherzig: Denn Trinkgeld › S. 154 ist ein unverzichtbarer Teil ihres Einkommens, der hilft, über die Runden kommen.

47 Dialekteln als ob Versuchen Sie besser nicht, das Wienerische Idiom nachzuahmen. Schönbrunnerisch (»Hochwienerisch«), gar mit schwäbischem oder hamburgischem Akzent z. B., ringt Wienern bestenfalls ein müdes Lächeln ab.

48 Hektik verbreiten Die legendäre »Gemütlichkeit« hat in Wien vielerorts nach wie vor Geltung, der Alltag fließt, nicht nur im Kaffeehaus, gemächlicher als in anderen Metropolen. Ergo: Anpassung statt Tempodrücken – Laune und Blutdruck werden es Ihnen danken.

49 Reservierungen »vergessen« Wenn Sie im Lokal voreilig einen Tisch gebucht haben, stornieren Sie rechtzeitig. Zum einen gebietet dies das Fairplay. Zudem bürgert sich auch in Wien bei gehobenen Restaurants allmählich ein, bei Nichterscheinen via Kreditkarte eine »Pönale« (Gebühr) zu verrechnen.

50 Shopping im letzten Moment Schieben Sie die Besorgung Ihrer Mitbringsel nicht bis zum letzten Moment auf. Denn womit Sie nicht rechnen: In Wien sind, Kirche und Gewerkschaft sei »dank«, selbst Souvenirläden an Sonn- und Feiertagen fast ausnahmslos geschlossen.

Eine Wiener Melange

Das Palmenhaus der Hofburg ist ein prächtiger Jugendstilbau mit Restaurant und Schmetterlingshaus

REISEPLANUNG & ADRESSEN

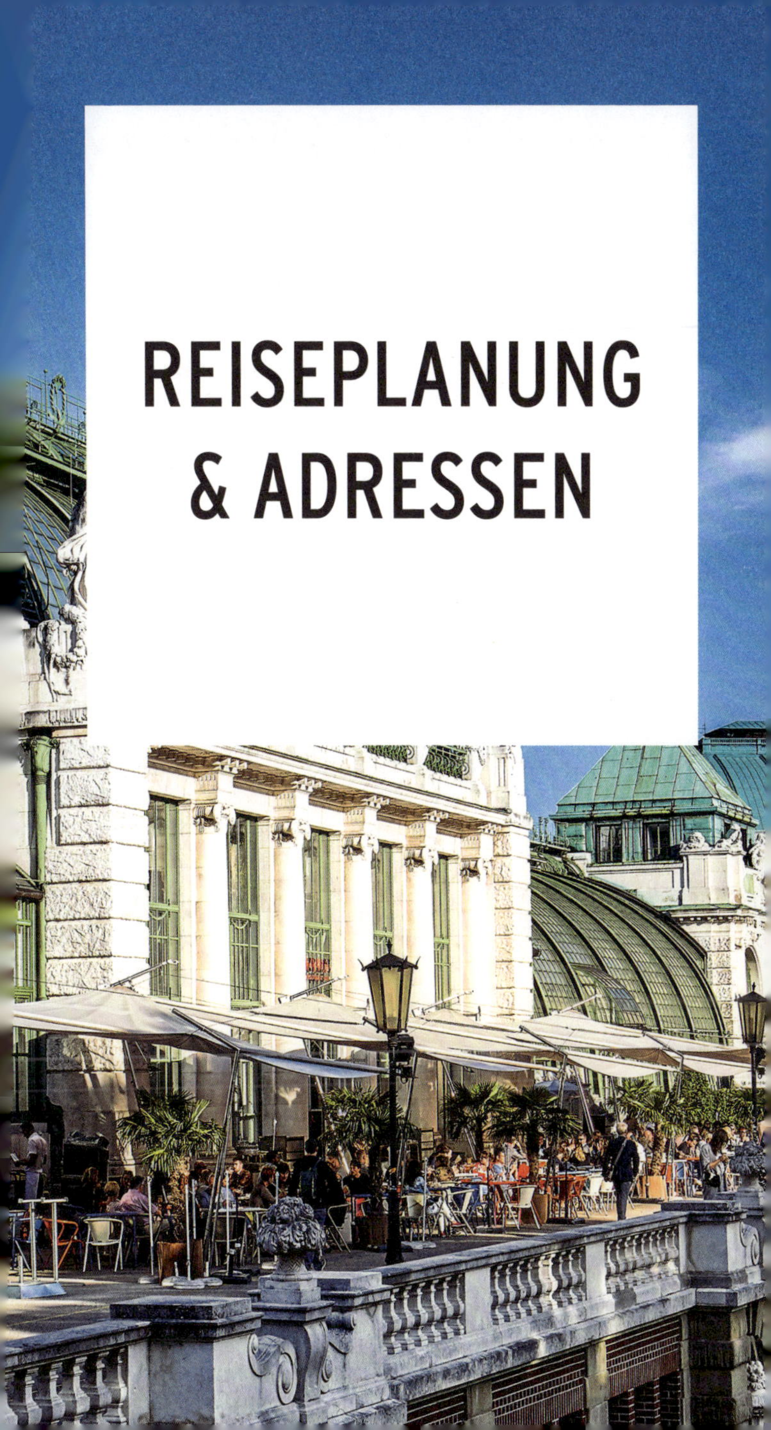

DIE STADTVIERTEL IM ÜBERBLICK

Mittelalterliche Gässchen, verträumte Hinterhöfe und barocke Paläste, Riesenrad, Stephansdom, dazu Kaffeehaus und Opernball, Fiaker und Handkuss sowie eine Prise Zentralfriedhof und schaurig-schöne Kapuzinergruft – wenn von Wien die Rede ist, herrscht an Klischees kein Mangel.

Und doch ist die Feststellung »Wien ist anders«, mit der die Stadt seit vielen Jahren in unterschiedlichen Varianten um Gäste wirbt, mehr als ein flotter Slogan. Wer fremd ist in der Stadt, findet sich aufgrund zweier »Ringe«, der Ringstraße und dem Gürtel, rasch recht gut zurecht. Die Bezirke sind in zwei Kreisen jeweils im Uhrzeigersinn, von 1–9 und 11–22, gruppiert. Nur der 23. Bezirk fällt hier deutlich aus diesem Schema.

Die wichtigsten Sehenswürdigkeiten befinden sich in der **Inneren Stadt,** die damit auch Kern jeder Wienbesichtigung ist. Hier finden sich unter anderem der Stephansdom und die Hofburg. Das MuseumsQuartier, ein riesiges Kulturareal des 21. Jahrhunderts, liegt, von der Hofburg nur zwei Gehminuten entfernt, ein wenig außerhalb.

Auch entlang des **Wientals** reihen sich etliche der wichtigen Kunsttempel der Stadt auf, Attraktionen sind zudem der Naschmarkt und etwas abseits Schloss Belvedere. Im Westen ist Schloss Schönbrunn ein Besuchermagnet.

Im **Osten** des Stadtgebietes erstreckt sich der weltberühmte Wiener Prater, nicht nur ein Rummelplatz, sondern auch eine weitläufige Auen- und Parklandschaft mit guten Freizeitangeboten.

Im **Nordwesten** lohnt ein Besuch des Wienerwalds. Und auf kaum einem Besuchsprogramm wird ein Heurigenvorort, wie zum Beispiel Grinzing, fehlen.

DIE METROPOLE MITTELEUROPAS

Die alte Kaisermetropole straft ihre eigene Vergangenheit tatsächlich Lügen. Auferstanden aus der Tristesse der Nachkriegsära, erstrahlt sie heute wieder in ungeahntem Glanz. Die Innenstadt erinnert gar an ein – freilich höchst lebendiges – Freilichtmuseum.

Ihre erste Verwandlung erlebte die Stadt in den späten 1970er- und frühen 1980er-Jahren. Damals erhielt sie die U-Bahn und eine weitläufige Fußgängerzone sowie entlang der Neuen Donau ein 22 km langes Bade- und Freizeitparadies. Entfacht vom ehemaligen Bundeskanzler Bruno Kreisky, wehte ein frischer Wind durch Amtsstuben und Denkwerkstätten. Die Ökologiebewegung entstand, eine lebhafte Bar- und Beislszene und eine Alternativkultur, die den arrivierten Honoratioren der Kunst wirkungsvoll den Kampf ansagte. Und in den funkelnagelneuen Glastürmen am nörd-

Das Burgtheater genießt hinsichtlich Architektur und Repertoire herausragendes Ansehen

lichen Donauufer bezog die UNO ihr Quartier, deren Beamte der Stadt ein ungewohnt kosmopolitisches Flair verleihen.

Die zweite Modernisierungsphase setzte 1989 ein, als sich 60 km weiter östlich überraschend der Eiserne Vorhang hob. Plötzlich fand sich Wien in einer Rolle, die es in diesem Jahrhundert schon einmal besetzt hatte: Mittelpunkt Zentraleuropas und Relaisstation zwischen Ost und West. Und es scheint, als hätten die Wiener ihre historische Chance erkannt. Allerorts wird Altes renoviert und Neues errichtet. Moderne Hotels, Museen, Bürokomplexe und an der Peripherie ganze Wohnbezirke schießen wie Pilze nach dem Regen aus dem Boden. Mit dem Milliardenprojekt des neuen Hauptbahnhofs, der Ende 2015 in Vollbetrieb gegangen ist, entstehen im Süden komplett neue Quartiere mit Wohngebieten und Bürokomplexen.

Dennoch haben die Wiener ihre Eigenheiten und Strategien zur Lebensbewältigung nicht über Bord geworfen. Ein bisschen gemächlicher als anderswo – *pomali,* wie es im hiesigen Dialekt heißt – geht es hier nach wie vor zu. Die Suppe wird nicht so heiß gegessen wie gekocht. Und eine gewisse Provinzialität, vermengt mit einem Schuss Verschrobenheit und balkanischer Freude am Mauscheln und Feilschen, verleiht der Stadt die speziell wienerische Würze. Aus dieser Haltung ziehen auch die Gäste Nutzen: Die Verbrechensrate ist so niedrig wie in kaum einer anderen Millionenstadt. Und es haben sich merkwürdige Inseln in der Zeit erhalten, die jeden Besucher begeistern: Kaffeehäuser, Heurige, Wienerwald-Meiereien …

KLIMA & REISEZEIT

Nicht nur in geografischer, auch in klimatischer Hinsicht liegt Wien in einer Übergangszone. Während im Westen noch eher das feuchte, mitteleuropäisch-kontinentale Wetter vorherrscht, macht sich im Süden und Osten bereits der niederschlagsarme pannonisch-kontinentale Einfluss bemerkbar.

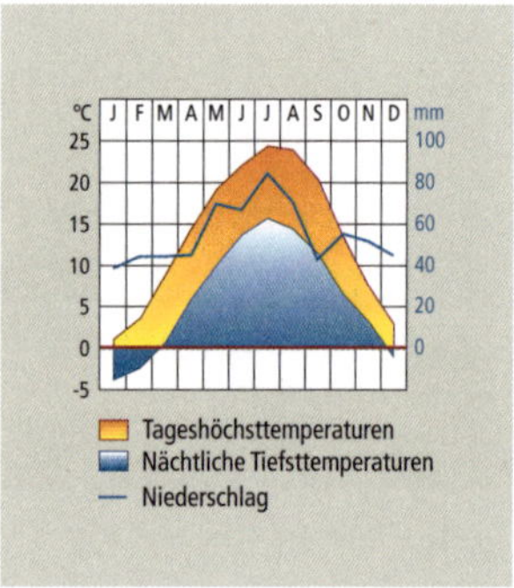

In den Bezirken am Rand des Wienerwalds regnet es im Jahresmittel 800 mm, im Marchfeld und jenseits des Laaer Bergs hingegen nur 575 mm. Auch steigt die Quecksilbersäule im Osten an durchschnittlich 55 Tagen im Jahr über 20 °C, im Westen hingegen nur an 35. Alles in allem ist das Klima jedoch relativ milde.

Einziger Wermutstropfen ist der fast ständig wehende Wind. Er fördert zwar die starke Durchlüftung, aber auch Staubbildung und Austrocknung, und im Winter vermittelt er das Gefühl eisiger Kälte.

Als beste Reisezeit empfehlen sich Spätfrühling und Herbst. Im Mai und Juni, wenn – wie ein Wienerlied schwärmt – »im Prater wieder die Bäume blühn«, warten auf Kunstenthusiasten die Wiener Festwochen. Und im September/Oktober setzt das Kulturleben nach der Sommerpause wieder voll ein. Noch vor einigen Jahren herrschte im Sommer eine Flaute. Heute sorgen zahlreiche Veranstaltungen – vom Klangbogen bis zum Tanzfestival – auch im Juli/August für gutes Angebot.

ANREISE

MIT DEM FLUGZEUG

Der Flughafen Schwechat liegt 19 km östlich des Stadtzentrums; Airport-Info: Tel. 01 700 72 2233, www.viennaairport.com. Expressbusse verkehren alle 30 Min. zum Schwedenplatz (4.00–23.30 Uhr halbstündlich, dann 0.30 und 2 Uhr, Fahrzeit 22 Min.), zum West- und Hauptbahnhof (6.00–23.59 Uhr, Fahrzeit 40 Min., alle 30 Min.), zum Donauzentrum via UNO-City (6.00–21.00 Uhr, Fahrzeit 40 Min.); eine Einzelfahrt kostet jeweils 8 €. Preis-

Der hypermoderne Hauptbahnhof in Favoriten bildet Wiens neue Bahnverkehrsdrehscheibe

günstig ist auch die Flughafen-S-Bahn (S 7, alle 30 Min.); Fahrzeit von Wien Mitte/Landstraße (U3, U4) bzw. Wien Nord/Praterstern ca. 25 Min., Einzelfahrt 4,80 €. Der moderne City Airport Train (CAT; www.cityairporttrain.com) verkehrt halbstündlich nonstop vom Flughafen zum Bahnhof Wien Mitte (6.09–23.39 Uhr, Fahrzeit 16 Min.); Einzelfahrt ab 11 €. Mit dem Taxi kostet die Fahrt ins Zentrum rund 38 €.

MIT DER BAHN

Nach Wien bestehen internationale Fernbahnverbindungen, wie München – Salzburg – Wien – Budapest oder Zürich – Innsbruck – Salzburg – Wien; Fahrplanauskunft und Ticketbestellung beim ÖBB-MobilitätsCallCenter (MCC), Tel. 05 17 17, www.oebb.at. Am Westbahnhof befinden sich auch Reisebüros mit Zimmervermittlung (www.westbahnhof.at). Seit 2016 kommen alle Fernzüge im neuen, architektonisch eindrucksvollen Hauptbahnhof an; aktuelle Infos unter www.hauptbahnhof-wien.at.

MIT DEM EIGENEN KFZ

Die österreichischen Autobahnen sind mautpflichtig. Wer vom Ausland anreist, sollte die Vignette schon zu Hause (z. B. beim ADAC oder TCS) oder an grenznahen Tankstellen kaufen, spätestens aber an der Landesgrenze. Für Pkws gibt es 10-Tages- (9,20 €), 2-Monats- (26,80 €) und Jahresvignetten (89,20 €). Infos erhält man beim Autobahnbetreiber ASFINAG

(Tel. 0800 400 124 00, www.asfinag.at), Verkehrsinfos auch bei den österreichischen Automobilclubs ÖAMTC (Tel. 0810 120 120, www.oeamtc.at) und ARBÖ (Tel. 050 123 123, www.arboe.at) sowie bei Radio Ö 3.

Tempolimits: Autobahn 130 km/h (110 km/h 22–5 Uhr auf Teilstücken), Landstraße 100 km/h, innerorts 50 km/h. Promillegrenze: 0,5 bzw. 0,1 bei Führerscheinbesitz unter zwei Jahren. Auto- und Motorradfahrer müssen mitführen: nationalen Führerschein, Kfz-Schein, Warnweste (griffbereit) und Verbandstasche/-kasten, Autofahrer auch ein Warndreieck.

STADTVERKEHR

PKW

In Kurzparkzonen, die beschildert und mit blauen Bodenmarkierungsstreifen gekennzeichnet sind – und generell auch flächendeckend in allen Innen- und vielen Außenbezirken (!) – ist das Parken von Montag bis Freitag zwischen 9 und 22 Uhr (z. T. bis 19 Uhr) nur mit Parkschein für die Dauer von maximal 2 Stunden (z. T. 3 Std.) gestattet. Infos über das sehr komplizierte Reglement holt man am besten über Ortsansässige oder www.wien.gv.at/verkehr ein. Parkscheine gibt es bei den Verkaufsstellen der Wiener Verkehrsbetriebe, in Tabaktrafiken, Tankstellen und Banken.

Eine günstige Alternative sind die Park+Ride-Parkhäuser an den wichtigsten Zufahrtsrouten, die direkt an das U- und S-Bahn-Netz angebunden sind. Die Tarife betragen 3,40 € pro Tag und 17,10 € pro Woche (www.parkandride.at).

TAXI

Taxiruf unter Tel. 601 60, 313 00, 814 00 oder 401 00. Grundpreis 3,80 € plus Kilometerpreise (je nach Streckenlänge und Tageszeit max. 1,62 €). Außerhalb der Stadt wird der Preis frei vereinbart.

ÖFFENTLICHE VERKEHRSMITTEL

In Wien verkehren fünf **U-Bahn-Linien** (U 1, 2, 3, 4 und 6). Die **Schnellbahnen** dienen v. a. der Verbindung zum Umland. Sehr dicht ist das Netz der **Straßenbahnlinien** und **Busse**. Fahrbetrieb aller »Öffentlichen«: etwa 5–0.30 Uhr; Fr–Mo durchgehend auch Nachtbetrieb, außerdem 7 Tage die Woche an ausgewählten Routen nachts im Halbstunden-Takt (Tagesfahrschein gültig für »Nightline-Busse«) › mehr S. 18 Punkt 43
Alle Tickets berechtigen zu Fahrten im gesamten Streckennetz des Stadtgebietes (Zone 100). Fahrkarten gibt es einzeln oder als Streifenkarte mit vier Fahrten à 2,40 €. Sie müssen müssen vor Fahrtantritt entwertet werden. Einzelfahrscheine im Bus und in der Straßenbahn (in Münzautomaten) kosten

2,60 €. Eine **24-, 48-** bzw. **72-Stunden-Netzkarte** ohne sonstige Vergünstigungen kostet 8,00 €, 14,10 € bzw. 17,10 €. Infos über das Fahrkartenangebot erhält man bei den Tourist-Informationen, Tabaktrafiken und Vorverkaufsstellen, Tel. 790 91 00 sowie unter www.wienerlinien.at (hier auch Kauf über Post-Bestellung bzw. von Mobile Tickets via Smartphone als App oder Download-Voucher).

Mit der **Vienna City Card** › S. 152 kann man für 24 Std. (17 €), 48 Std. (25 €) bzw. 72 Std. (29 €) alle öffentlichen Verkehrsmittel benutzen und erhält bei vielen Sehenswürdigkeiten Ermäßigung.

FAHRRAD

Fußschonend ist die Erkundung der Stadt per Drahtesel auf eigene Faust oder im Rahmen geführter Touren. Infos, Buchung und Verleih über **Pedal Power** (2., Ausstellungsstr. 3, Tel. 729 72 34, www.pedalpower.at); weitere Verleihstellen entlang der Donauinsel und an den Bahnhöfen. Eine Alternative sind Fahrräder von **Citybike Wien,** an über 120 von der Stadt eingerichteten Bikestationen stunden-/tageweise zu entleihen und beliebig wieder abzustellen, gegen geringe Anmelde- und Leihgebühren › mehr S. 12 Punkt ❻ (1. Stunde gratis, danach 1 €/Std.; Tel. 798 07 77, www.citybikewien.at).

Wien Praterstern ist der zentrale Halt für bahnfahrende Praterbesucher

MEISTER DER MINIATUROPER

Stefan Fleischhacker beim augenzwinkernd morbiden Liederabend »Tot in Wien«

Stefan Fleischhacker wirkt in sich ruhend. Wie jemand, der sich seinen Traum verwirklicht hat und ihn lebt. Ich treffe ihn im Foyer von Wiens kleinstem Opernhaus. »Besorgen sie sich ein eigenes Theater, sonst spielt sie keiner.« Frei nach diesem Motto von Bert Brecht hat der gebürtige Tiroler, der in Mailand und Wien Bühnenbild und Gesang studiert hat, 1993 das »Letzte Erfreuliche Operntheater«, kurz L.E.O., gegründet und wenig später die ehemalige Bäckerei aus der Zeit um 1900 in einen entzückenden, rotplüschenen Bühnenraum umfunktioniert. Seither singen er und sein Team hier das große Repertoire rauf und runter: Verdi, Mozart, Wagner, Puccini & Co. Aber auch wienerische, französische und italienische Revuen, Potpourris, Varietés, Chanson- und Kabarettabende stehen auf dem Programm. Bis zu zehn Premieren stemmen sie pro Jahr.

Das Alleinstellungsmerkmal des Hauses ist seine unkonventionelle Aufführungspraxis. Sie ist, tja, nennen wir sie sparsam, zugleich aber höchst charmant und vergnüglich. Es gibt weder ein Orchester noch einen Chor oder Statisterie. Stattdessen: zwei, drei Sängersolisten, einen Pianisten – das war's. Einen der Parts spielt und singt Stefan Fleischhacker fast immer selbst. Zudem schlüpft er bei Bedarf auch in weitere Rollen: etwa die des Kostümbildners, des Regisseurs und gelegentlich – man höre und staune – in die des Kunstpfeifers. Diese heute eher exotische, im 19. Jh. aber sehr populäre Form des musikalischen Ausdrucks, bei der selbst komplexeste Melodien hinweg ohne technische Hilfsmittel gepfiffen werden, beherrscht er seit frühester Jugend perfekt. Bei einer Inszenierung von Mozarts »Zauberflöte« sang er nicht bloß den Tamino, sondern pfiff auch virtuos die Koloraturarien der Königin der Nacht.

Apropos Personalunion: Im L.E.O. verkauft der Beleuchter auch die Karten und weist als Billeteur den maximal 50 Besuchern die Plätze zu. Die sitzen an Tischchen, lose im Raum verteilt, auf Gartenstühlen und dürfen bisweilen, nach Aufforderung der Protagonisten auf der Bühen, als Chor fungieren oder bei einer Massenszene mitzuwirken. In der Pause kriegen sie – im Sommer im grünen Hinterhof – gegen einen freiwilligen Obolus Schmalzbrote und ein Gläschen Wein kredenzt.

In Doppelfunktion agiert oft auch der erwähnte Pianist, und zwar als Conférencier. Als solcher erklärt er dem Publikum dann zwischen den Arien vom Klavier aus Inhalt und Fortgang der Oper. Dies macht jegliches Programmheft überflüssig, bietet aber vor allem die Möglichkeit, humoristische, ja oft respektlose Kommentare einzuflechten.

Humor erachtet Prinzipal Fleischhacker auch als sein Leitmotiv: »Werke wie Figaro oder Don Giovanni waren ursprünglich als *dramma giocoso,* als lustiges Drama tituliert«, sagt er und beklagt: »Heute gilt nur, was ernst ist, auch als seriös.« Er ist überzeugt, dass der augenzwinkernde, kabarettistische Direktkontakt mit dem Publikum nicht nur den Unterhaltungswert, sondern auch das Hörerlebnis steigert. Das Adjektiv »erfreulich« im Namen seines Hauses ist also Programm.

An dieser Stelle aber die Warnung vor einem Missverständnis: Was das L.E.O. bietet, sind keineswegs Opernparodien. Und mögen der Rahmen der Aufführung, Räumlichkeit, Dramaturgie und Ausstattung handgestrickt daherkommen, die musikalische Darbietung jedoch bewegt sich auf absolut hohem Niveau. Sämtliche Mitglieder des Mini-Ensembles sind ausgebildete Profis. Ihrer gesanglichen und darstellerischen Qualität verdankt das L.E.O. denn wohl auch maßgeblich seinen Erfolg. Immerhin ist das Haus in der Regel gut gefüllt, oft sogar ausverkauft. Eine kaufmännische und kreative Meisterleistung – zumal, wenn man sich vor Augen hält, dass es seit gut einem Vierteljahrhundert weitgehend ohne Unterstützung der öffentlichen Hand auskommen, vielmehr zur Gänze aus den Erlösen der Eintrittskarten leben muss.

ADRESSEN

- **L.E.O. – Letztes Erfreuliches Operntheater** G4
  3. | Ungargasse 18 | Tel. 0680 335 47 32
  www.theaterleo.at

Stefan Fleischhacker empfiehlt ...

- ... einen Sommerabend mit deftig wienerischem Stegreiftheater in der Ottakringer **Tschauner Bühne,** die Tradition in neuem Gewand mit Herzblut auf die »Freiluftbühne mit Schiebedach« bringt (16., Maroltingerg. 43, Tel. 914 54 14, www.tschauner.at; Mitte Juni bis Anf. Sept.).
- ... einen zauberhaften Abend jenseits aller Bühnenkonventionen im **Serapions Ensemble im Odeon** mit seinen facettenreichen, avantgardistischen Musik- und Tanztheater-Inszenierungen (2., Taborstr. 10, Tel. 216 51 27, www.odeon-theater.at; 1 bis 2 Produktionen im Jahr).

UNTERKUNFT

Wiens Unterkunftangebot ist so groß wie vielfältig. In der Hauptsaison ist für alle Kategorien rechtzeitiges Reservieren dringend zu empfehlen.

Ein Verzeichnis aller Hotels und Pensionen können Sie auf der Website von Wien Tourismus (www.wien.info) herunterladen, auf der Sie auch online suchen und buchen können. Vor Ort ist Ihnen die Zimmervermittlung der Tourist-Information › S. 153 behilflich. Bei der Buchung sollte man vergleichen, denn die Zimmerpreise können bei Onlinebuchung (z. B. über www.booking.com oder www.hrs.com) deutlich von den Listenpreisen abweichen, sind nicht selten günstiger.

GEHOBENE UND LIFESTYLE-HOTELS

Hollmann Beletage €€€ F3

Intimes, edles und sehr persönlich geführtes Haus im Herzen der Altstadt, zusätzlich behaglich dank Bibliothek, offenem Kamin, Spa-Separée u. v. m.

- 1. | Köllnerhofgasse 6 | Tel. 961 960
  www.hollmann-beletage.at

Imperial Riding School Renaissance Vienna €€€ G4/5

Ein architektonisch reizvolles Hotel in einer ehemaligen Hofreitschule aus dem 19. Jh., Zimmer in postmodernem Schick, mit großem Garten. 10 Trambahnmin. von der Ringstraße entfernt.

- 3. | Ungargasse 60 | Tel. 711 75 0
  www.imperialrenaissance.com

König von Ungarn €€€ F3

Gediegenes, intimes 4-Sterne-Haus mit glasüberdachtem Innenhof. Eine Gehminute vom Stephansdom entfernt.

- 1. | Schulerstr. 10 | Tel. 515 84 0
  www.kvu.at

Rathaus €€€ D3

Schickes 4-Sterne-Haus, gestaltet unter dem Motto »Wein & Design«. Jedes Zimmer ist einem österreichischen Top-Winzer gewidmet, dessen Erzeugnisse in der Weinbar verkosten werden können. Im Szenebezirk Josefstadt.

- 8. | Lange Gasse 13 | Tel. 400 11 22
  www.hotel-rathaus-wien.at

Sacher €€€ E3

Nicht nur dank seiner Torte avancierte dieses traditionsreiche Luxushotel an der Staatsoper zur Legende.

- 1. | Philharmonikerstr. 4 | Tel. 514 56 00
  www.sacher.com

The Guesthouse Vienna €€€ E3

Elegantes modernes Designer-Hotel in Top-Lage gegenüber der Oper und Albertina, mit eigener feiner Brasserie und Bäckerei.

- 1. | Führichgasse 10 | Tel. 512 13 20
  www.theguesthouse.at

Wandl €€€ F3

Traditionsreiches, familiengeführtes Hotel in einem Haus aus dem 17. Jh. mit modern eingerichteten Zimmern. In optimaler Lage in der Inneren Stadt.

- 1. | Petersplatz 9 | Tel. 534 55 0
  www.hotel-wandl.com

MITTELKLASSEHOTELS

Daniel €€ G6

Puristisch-schicke Bleibe mit vielen originellen Service-Details, von der Hängematte und Miet-Vespa bis zu hauseigenen Bienenstöcken und Bakery.

- 3. | Landstraßer Gürtel 5
  Tel. 901 31-0 | www.hoteldaniel.com

Strandhotel Alte Donau €€

Nettes Familienhotel mit eigenem Strandbad und Liegewiese.

- 22. | Wagramer Str. 51
  Tel. 204 40 40 | www.alte-donau.at

Zur Wiener Staatsoper €€ F3

Renoviertes, charmantes 19.-Jh.-Innenstadtquartier, in dem – nomen est omen – gern Sänger der nahen Oper absteigen.

- 1. | Krugerstr. 11 | Tel. 513 12 74
  www.hotel-staatsoper.at

PREISWERTE HOTELS

Kugel €€ C4

Tadelloser Komfort in individuell eingerichteten Zimmern, ausgesprochen freundliches Personal, in einem der quirligsten Einkaufsviertel gelegen.

- 7. | Siebensterngasse 43
  Tel. 523 33 550 | www.hotelkugel.at

Stadthalle €€ B4

Neueres, sehr familiär und umweltgerecht geführtes Haus Nähe Westbahnhof, grüner Innenhof, eigene Werkstatt und Garage für Radfahrer.

- 15. | Hackengasse 200 | Tel. 982 42 72
  www.hotelstadthalle.at

Am Brillantengrund € C4

Buntes Retro- und Gegenwartsdesign im Biedermeier-Ambiente eines alten Klosters, sympathisch umtriebiges Management mit

DIE SCHICKSTEN HOTELS

- **The Ring** €€€ F4
  Exquisiter Service, Top-Ausstattung und originelles Interieur mit Künstlerflair vis-à-vis der Oper.
  1. | Kärntner Ring 8 | Tel. 221 22
  www.theringhotel.com
- **Topazz** €€€ F3
  Designjuwel für Stilbewusste, mit aufsehenerregender Fassade, ökologisch gebaut und geführt, feine Salon-Lounge.
  1. | Lichtensteg 3
  Tel. 532 22 500
  www.hoteltopazz.com
- **Sofitel Vienna Stephansdom** €€€ F2
  Ultraschickes, von Stararchitekt Jean Nouvel designtes Haus mit Wien-Traumblick, v. a. vom Restaurant »Le Loft« im 18. Stock.
  2. | Praterstr. 1 | Tel. 906 16 0
  www.sofitel.com
- **Altstadt Vienna** €€€ D4
  Trendiges Quartier mit hohem Gemütlichkeitsfaktor mitten im zentrumsnahen Bezirk Neubau, jedes Zimmer von Mode- und Designstars individuell gestaltet.
  7. | Kirchengasse 41
  Tel. 522 66 66
  www.altstadt.at
- **The Levante Parliament** €€€ D3
  Hightech-Ausstattung trifft auf Künstler-Design. Dazu 5-Sterne-Komfort und Innenhofoase.
  8. | Auerspergstr. 9 | Tel. 228 28 0
  www.thelevante.com

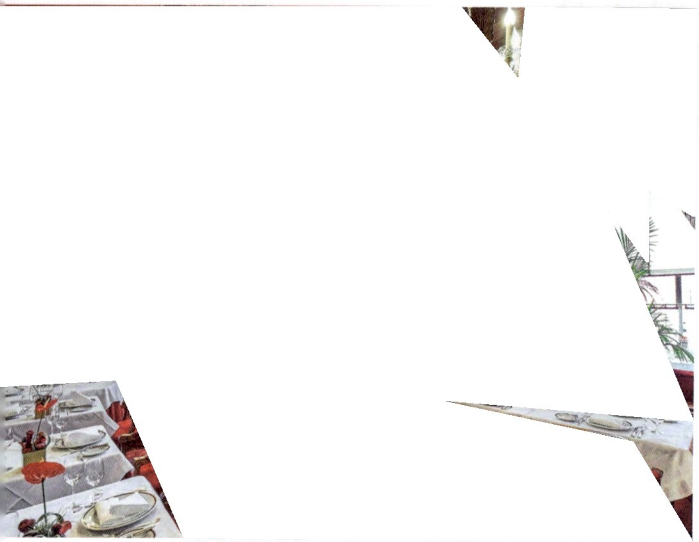

Das Restaurant Rote Bar serviert Haubenküche im Hotel Sacher

vielerlei Kulturaktivitäten und Philippino-Restaurant.

- 7. | Bandgasse 4 | Tel. 523 36 62
  www.brillantengrund.com

Magdas € H2

Locker-weltläufiges Quartier in Praternähe mit sozialem Mehrwert, denn unter Leitung von Profis praktizieren hier zwei Dutzend Flüchtlinge arbeitend angewandte Integration. Ausstattung im Vintage-Recycling-Stil, gute Restaurant-Bar (Sonntagsbrunch!), netter Garten.

- 2. | Laufbergergasse 12
  Tel. 7200 288 | www.magdas-hotel.at

PENSIONEN

Arenberg €€€ G3

Der Rolls-Royce unter den Pensionen: plüschig-elegant und gut gelegen.

- 1. | Stubenring 2 | Tel. 512 52 910
  www.arenberg.at

Haydn €€ D4

Gutbürgerliche Frühstückspension. In Einkaufsstraße, U3-Nähe und 10 Gehminuten vom Zentrum entfernt.

- 6. | Mariahilfer Str. 57–59
  Tel. 587 44 140
  www.haydn-hotel.at

CAMPINGPLÄTZE

Im Stadtgebiet von Wien gibt es drei große Camping-/Caravanplätze:

Camping Wien

- Online-Reservierungsmöglichkeit unter www.wiencamping.at, Infos auch unter Tel. 588 00 800.
- **Aktiv Camping Neue Donau,** 22., Am Kleehäufl 119, 4 km vom Zentrum.
- **Camping Wien West,** 14., Hüttelbergstr. 80, 8 km vom Zentrum.
- **Camping Wien Süd,** 23., Breitenfurter Str. 269, 11 km vom Zentrum.

ESSEN & TRINKEN

Essen gehen ist in Wien ein Vergnügen, denn die Wiener Küche ist von hoher Qualität und zudem von beträchtlichem Ideenreichtum.

In Wien gibt es für jede Tageszeit und jeden Geldbeutel das geeignete Lokal, seien es Restaurants, Kaffeehäuser, Heurige, Beisl, Bars oder Szenelokale. Weitere Tipps finden Sie im Reiseteil dieses Bandes in die Wege eingestreut.

GEHOBENE RESTAURANTS

Do & Co €€€ F3

Klassischer In-Treff für Gourmets und Schickimickis im Haas-Haus. Der Blick auf Dom und Dachlandschaft der City raubt den Atem, ein Übriges tun Form- und Farbenspiel des Stararchitekten, die adrette Bedienung und die exzellente Küche, täglich Sushi- und Wok-Frontcooking, aber auch Wiener Spezialitäten. Weitere Filiale in der Albertina.

- 1. | Stephansplatz 12
  Tel. 535 39 69 | www.doco.com
  Tgl. 12–15, 18–24 Uhr

Steirereck €€€ G3

Exquisiter Gourmettempel an der Wienfluss-Promenade, in Ringnähe und trotzdem im Grünen. Toll ist das Wein- und Käsesortiment. Preiswert und für den kleinen Hunger: die zugehörige Meierei.

- 3. | Im Stadtpark | Tel. 713 31 68
  www.steirereck.at
  Mo–Fr 8–23, Sa/So 9–19 Uhr, Fei geschl.

Meissl & Schadn €€ F4

So geht zeitgemäße Wiener Küche: Im informell-schicken Restaurant des Grandhotel Ferdinand kredenzt man k&k-Klassiker vom Feinsten. Spezialitäten des Hauses: perfekte Wiener Schnitzel und, äußerst originell, Assietten – ein kulinarischer Medley aus altwiener Häppchen.

- 1. | Schubertring 10–12
  Tel. 90 212 | www.meisslundschadn.at
  Tgl. 12–1 Uhr

Palmenhaus €€ E3

Mondäne Café-Brasserie-Bar in spektakulärem Ambiente, dem Jugendstil-Gewächshaus der Hofburg, kreative österreichisch-mediterrane Küche, Sommerterrasse mit Traumblick in den Burggarten.

- 1. | Burggarten (Eingang Albertina)
  Tel. 533 10 33 | www.palmenhaus.at
  Mo–Fr 10–24, Sa ab 9, So 9–23 Uhr

ALT-WIENER SPEZIALITÄTEN

Gulaschmuseum €€ F3

Gulasch, das österreichisch-ungarische Traditionsgericht, wird hier in fast 20 Variationen serviert, aber auch andere Wiener Gerichte und Mehlspeisen > **mehr S. 14 Punkt 16**

- 1. | Schulerstr. 20 | Tel. 512 10 17
  www.gulasch.at | Tgl. 10–24 Uhr

Zu den Drei Hacken €€ F3

Unter den mittelalterlichen Gewölben und sommers im Garten genießt man im besten Sinne österreichische Traditionsküche. Ein besonderes Plus: die heimischen Weine aus der eigenen Vinothek.

- 1. | Singerstr. 28 | Tel. 512 58 95
  www.vinum-wien.at
  Mo–Sa 11–24 Uhr, Nov./Dez. auch So

Winklers Zum Posthorn € G4
Familär geführtes Beisl mit klassischer Wiener Küche, auch viel Vegetarischem, in Wohnzimmeratmosphäre.

- 3. | Posthorngasse 6
  Tel. 0664 431 21 23
  www.winklers-zumposthorn.at
  Mo–Fr 17–24, Di–Do auch 12–14.30 Uhr, Sa/So/Fei geschl.

DIE GEMÜTLICHSTEN BEISLN

- **Schnattl** €€€ D3
  Heimeliges Edelbeisl, exzellente steirisch angehauchte Küche.
  8. | Lange Gasse 40
  Tel. 405 34 00
  www.schnattl.com
  Mo–Do 11.30–17, Fr bis 24 Uhr
- **Pfudl** €€ F3
  Gepflegt-gemütliches City-Gasthaus mit exzellenten Wiener Schmankerln; Mittagsmenüs.
  1. | Bäckerstr. 22 | Tel. 512 67 05
  www.gasthauspfudl.com
  Tgl. 11–23 Uhr
- **Ubl** €€ E5
  Vorstadtbeisl für Nostalgiker: Holztäfelung, Kanonenofen und authentische Hausmannskost
  > mehr S. 15 Punkt 20
  4. | Preßgasse 26 | Tel. 587 64 37
  Mi–So 12–14, 18–24 Uhr
- **Schöne Perle** € F1
  Famose Beisl- und Fusionküche mit mediterranem Einfluss.
  2. | Große Pfarrgasse 2
  Tel. 0664 243 35 93
  www.schoene-perle.at
  Mo–Fr 12–23, Sa/So ab 10 Uhr

PREISWERT UND ORIGINELL

Gmoa Keller €€ F4
Gehobene Traditionsküche mit steirischer Note, sehr gute Weinkarte; gemütlich, ideal nach Konzert oder Theater.

- 3. | Am Heumarkt 25 | Tel. 712 53 10
  www.gmoakeller.at
  Mo–Sa 11–24 Uhr, So/Fei geschl.

Hollerei € A6
Eine der ersten Adressen für gesundheitsbewusste Schlemmer. Im gemütlichen Beisl serviert man erstklassige Vollwert-/Vegetariergerichte und Weine.

- 15. | Hollergasse 9 | Tel. 892 33 56
  www.hollerei.at
  Mo–Sa, Fei 11.30–15, 18–23, So 11.30–15 Uhr

Inigo € F3
Sympathisch-uneitles Lokal, das zur leckeren Kost noch ein gutes Gewissen serviert. Denn hier kochen und bedienen Langzeit-Beschäftigungslose, unterwegs zurück auf den Arbeitsmarkt.

- 1. | Bäckerstr. 8 | Tel. 512 74 51
  www.inigo.at
  Mo–Sa 9.30–24 Uhr

Trzesniewski € E3
Berühmte Imbissstube mit 1950er-Jahre-Flair und großem Sortiment belegter Brötchen, die man an der Steh-Bar oder den wenigen Tischchen verdrückt.

- 1. | Dorotheergasse 1 | Tel. 512 32 91
  www.trzesniewski.at
  Mo–Fr 8.30–19.30, Sa 9–17 Uhr

Zu den drei Buchteln € D5
Beliebtes Beisl mit original Wiener und böhmischer Küche.

- 5. | Wehrgasse 9 | Tel. 587 83 65
  www.zuden3buchteln.at
  Mo–Sa 18–24 Uhr

Das Gasthaus Pfudl tischt seit einem Jahrhundert typische Wiener Küche auf

CAFÉS

Wien ist für seine Kaffeehäuser berühmt, weshalb ihnen ein eigener Seitenblick gewidmet ist > **S. 36.**

HEURIGENLOKALE

Junger Wein und herzhafte Kost, genossen unter Kastanien, in malerischen Kellergewölben oder inmitten hügeliger Weinrieden – davon träumen Wiener und erfahrene Stadtbesucher, wenn vom Heurigen die Rede ist > **Seitenblick S. 138.**

Buschenschank Haslinger

Beschaulicher Heuriger in Sievering mit romantischem Gärtchen und Dachterrasse mit Blick auf die Weingärten.

- 19. | Agnesgasse 3 | Tel. 440 13 47
  www.buschenschank-haslinger.at
  Di–Fr ab 14 Uhr, Sa/So ab 11.30 Uhr

Christ

In Jedlersdorf, über der Donau, warten gemütliches Ambiente, schöner Garten, vor allem aber: tolle Weine!

- 21. | Amtsstr. 10–14 | Tel. 292 51 52
  www.weingut-christ.at
  In ungeraden Monaten tgl. ab 15 Uhr

Esterhazykeller E3

Historischer Stadtheuriger seit 1683.

- 1. | Haarhof 1 | Tel. 533 34 82
  www.esterhazykeller.at
  Tgl. 11–22 Uhr

Hermann

Grinzing-Alternative: Schöner Garten mit gemütlicher Weinlaube.

- 16. | Ottakring
  Johann-Staud-Str. 51 | Tel. 914 81 61
  www.weinbau-herrmann.com
  Do–Mo 15.30–22 Uhr

Mayer am Pfarrplatz

Paradeheuriger in einem historischen Vorstadthaus aus dem 17. Jh. in Heiligenstadt. Authentisch, mit guten Weinen und traditionellen saisonalen Gerichten dazu.

- 19. | Pfarrplatz 2 | Tel. 370 12 87
  www.pfarrplatz.at
  Mo–Fr ab 16, Sa/So/Fei ab 12 Uhr

AUF EINEN KLEINEN BRAUNEN

Spezialität der hauseigenen Patisserie des Café Imperial ist die gleichnamige Torte

»Nicht daheim und doch zu Hause.« Dieses Zitat von Peter Altenberg charakterisiert das Verhältnis der Wiener zum Kaffeehaus. Das »öffentliche Wohnzimmer« ist eine eigene Welt. Besonders wichtig, ob im noblen Ringstraßencafé oder im schlichten Gürtelespresso, ist die psychosoziale Funktion dieser über 300 Jahre alten Einrichtung. Der Wiener Pensionär, der flippige Student, die elegante Geschäftsfrau – jeder fühlt sich hier gut aufgehoben. Man erörtert Probleme, begießt Wehwehchen.

Gewiss, die Zeiten sind vorbei, da sich an den Marmortischchen legendärer Innenstadttreffs wie dem »Café Herrenhof«, dem »Griensteidl« oder dem »Central« von Karl Kraus und Bert Brecht über Stalin und Sigmund Freud Geistesgrößen aller Provenienzen beim kleinen Braunen ein Stelldichein gaben. Doch spannende Gesprächspartner und ein Sortiment internationaler Zeitungen und Zeitschriften gibt es vielerorts bis heute – den auch in Kaffehäusern grassierenden Smartphones und Laptops zum Trotz –, Schach-, Bridge- und Billardspieler treffen auf ihresgleichen

ALLES KAFFEE ...?

Wer in Österreich einen »Kaffee« bestellt, womöglich gar mit Betonung auf der ersten Silbe, dem ist die abgrundtiefe Verachtung des Obers sicher › mehr S. 19 Punkt 45 Hier unterscheidet man zwischen einem Braunen (mit Milch) und einem Schwarzen oder Mokka (ohne Milch). Eine Melange ist ein mit aufgeschäumter Milch versetzter Brauner mit einem Häubchen aus Schlagobers (Sahne). Fiaker nennt man einen Mokka im Glas, mit Sahne serviert heißt er Einspänner.

KLASSIKER AM »RING«

- **Imperial** F4
  Luxuscafé im gleichnamigen Hotel. Spezialität ist die Imperialtorte > **mehr S. 14 Punkt ⓬**
  1. | Kärntner Ring 16
  Tgl. 7–23 Uhr
- **Landtmann** E2
  Urbaner Treff für Politiker und Kosmopoliten. Gute Küche, schöne Terrasse.
  1. | Universitätsring 4
  www.landtmann.at
  Tgl. 7.30–24 Uhr
- **Prückel** G3
  Ringstraßencafé im lupenreinen Stil der 1950er-Jahre.
  1. | Stubenring 24 | www.prueckel.at
  Tgl. 8.30–22 Uhr

SCHMUCKKÄSTCHEN IN DER INNENSTADT

- **Central** E3
  Traditionshaus und legendäres Literatencafé im Palais Ferstel > **S. 92.**
  1. | Herrengasse 14
  www.palaisevents.at
  Mo–Sa 7.30–22 Uhr, So 10–22 Uhr
- **Demel** E3
  Wiens berühmtestes süßes Mokka mit nostalgischem Kaffeehaus > **S. 40.**
  1. | Kohlmarkt 14 | www.demel.at
  Tgl. 9–19 Uhr
- **Frauenhuber** F3
  Wiens ältestes Café, plüschig und extrem gemütlich.
  1. | Himmelpfortgasse 6
  http://cafe-frauenhuber.at
  Mo–Sa 8–24, So/Fei 10–22 Uhr

IN-ADRESSEN

- **Hawelka** E3
  Legendärer Bohème-Treff.
  1. | Dorotheergasse 6 | www.hawelka.at
  Mo–Sa 8–1, So/Fei 10–1 Uhr
- **Phil** E4
  Café und Shop für Bücher, CDs, DVDs ...
  6. | Gumpendorfer Str. 10–12
  http://phil.info | Di–So 9–1, Mo 17–1 Uhr
- **Stein** E2
  Tradition trifft Moderne: beliebtes Studentencafé mit Internetbar.
  9. | Währinger Str. 6
  www.cafe-stein.com
  Mo–Sa 8–1, So 9–1 Uhr

AUTHENTISCHE ADRESSEN IN DER »VORSTADT«

- **Goldegg** F6
  Stille, holzgetäfelte Ecke. Ideal nach dem Besuch von Schloss Belvedere.
  4. | Argentinierstr. 49
  www.cafegoldegg.at
  Mo–Fr 8–20, Sa 9–20, So 9–19 Uhr
- **Hummel** C3
  Unprätenziös, aber gerade deshalb so beliebt: englische Leinentapete, Kristalllüster und Billardtische.
  8. | Josefstädter Str. 66
  www.cafehummel.at
  Mo–Sa 7–24, So/Fei ab 8 Uhr
- **Weimar** D1
  Schöner Schlusspunkt nach einem Abend in der benachbarten Volksoper.
  9. | Währinger Str. 68
  www.cafeweimar.at
  Mo–Fr 8–23.30, Sa/So 8.30–23.30 Uhr
- **Dommayer**
  Klassiker im Nobelbezirk Hietzing mit hübschem Garten. Empfehlenswert am Ende eines Ausflugs nach Schönbrunn.
  13. | Dommayergasse 1
  www.oberlaa-wien.at | Tgl. 7–22 Uhr

SHOPPING

Die Hauptstraßen des guten Geschmacks, an denen sich Luxusläden wie an der Perlenkette reihen, liegen im Dreieck zwischen Hofburg, Oper und Stephansdom: Kohlmarkt, Graben und Kärntner Straße sowie, seit 2014, im Goldenen Quartier zwischen Hof und Tuchlauben.

Überraschungen tun sich aber in den Seitengassen auf, mit kleinen Boutiquen, Galerien und andere originellen Läden. Schnäppchen finden Sie eher in den Außenbezirken. Shoppingparadiese sind die Untere Favoritenstraße, die Landstraße, die Meidlinger Hauptstraße sowie die Mariahilfer Straße. Zu Wiens spannendster Modemeile mit kreativen Boutiquen und Ateliers hat sich die Lindengasse im 7. Bezirk gemausert (www.7tm.at).

BÜCHER UND MUSIKALIEN

Morawa F3
Größte Buchhandlung in der Inneren Stadt. Besonders gutes Sortiment an Karten und Reiseliteratur.
• 1. | Wollzeile 11

Wolfrum E3
Sehr gute Auswahl an Kunstbüchern.
• 1. | Augustinerstr. 10

Lia Wolf Cabinett F3
Eine Fundgrube für Liebhaber opulenter Foto-, Design- und Lifestyle-Bildbände.
• 1. | Sonnenfelsgasse 3

Doblinger E3
Riesensortiment an Noten und Musikliteratur, neu und gebraucht.
• 1. | Dorotheergasse 10

GLAS UND PORZELLAN

Lobmeyr F3
Verkaufsräume des weltberühmten Kristalllüsterproduzenten. Sehenswert: das hauseigene Glasmuseum (Eintritt frei) > **mehr S. 16 Punkt 28**
• 1. | Kärntner Str. 26

Augarten Wien F3
Wiens »Meißner« erhält man außer in der Porzellanmanufaktur > **S. 126** auch im Flagship-Store in der Inneren Stadt > **mehr S. 18 Punkt 41** Berühmtes Souvenir: Miniatur-Lipizzaner.
• 1. | Spiegelgasse 3

KUNST UND KUNSTHANDWERK

Galerie Zacke E3
Großes Angebot an hochwertigen Ostasiatika, antik und archaisch, aber auch Spielzeug, historische Reklamen u. v. m.
• 1. | Kohlmarkt 7

Habari D4
Authentisches Kunstgewerbe, Dekor und Accessoires aus Schwarzafrika. Im Untergeschoss bei freiem Eintritt Sonderausstellungen.
• 6. | Theobaldgasse 16

SCHMUCK

Schullin E3
Wiener Goldschmiedehandwerk seit drei Generationen, in höchster Vollendung und zeitgemäß verpackt.
• 1. | Kohlmarkt 7

Köchert F3
Edle Kombinationen, Spezialität: zeitlos klassische, diamantenen Sisi-Sterne.
- 1. | Neuer Markt 15

L. Jarosinski & Vaugoin C4
Bei den traditionsreichen Silberschmieden gibt es feinstes Tafelgerät.
- 7. | Zieglergasse 24

MODE, TRACHT, ACCESSOIRES

Schella Kann F3
Der Komet unter den vielen jungen Modemachern der Stadt.
- 1. | Spiegelgasse 15

Elfenkleid E5
Komfortable, elegante Damenmode in gradlinigem Design.
- 4. | Margaretenstr. 39

Tostmann E2
Regionale Trachten aus Österreich und junge Mode.
- 1. | Schottengasse 3a

Mühlbauer Hutmanufaktur F3
Klassische und avantgardistische Kopfbedeckungen aus eigener Manufaktur > **mehr S. 18 Punkt 42**
- 1. | Seilergasse 10

Horn E3
Kleines, aber feines Sortiment handgemachter Ledertaschen in unverwechselbar schlicht-elegantem Design.
- 1. | Bräunerstr. 7

Zur Schwäbischen Jungfrau E3
Edle Tisch- und Bettwäsche, von der feinsten Klöppelspitze bis zum Petit-point-Pölsterchen.
- 1. | Graben 26

MÖBEL, ANTIQUITÄTEN, DESIGN

Dorotheum E3
Eines der größten Auktionshäuser der Welt > **S. 71.** Ohne Hammerschlag erwerben kann man Preziosen aus Glas, Keramik oder Edelmetall, Bilder, Skulpturen, Schmuck u. v. m. im »Freien Verkauf« in den Galerieräumen des Palais > **mehr S. 17 Punkt 33**
- 1. | Dorotheergasse 17

Karolinsky F3
Jugendstil- und Designerlampen, manche nach Entwürfen von Adolf Loos und Josef Hoffmann gefertigt.
- 1. | Singerstr. 16

Prodomo (Hartmann Henn) E3
Hochwertige Designermöbel und originelle Mitbringsel.
- 1. | Naglergasse 29

KAUFHÄUSER

Gerngross D4
Traditionsadresse mit einer kunterbunten Warenwelt.
- 7. | Mariahilfer Str. 42–48

Ringstraßen-Galerien F4
Shoppingpassage mit vielen Boutiquen.
- 1. | Kärntner Ring 3–7

Steffl F3
Das Warenhaus für Mode und Lifestyle.
- 1. | Kärntner Str. 19

CONFISERIE UND PATISSERIE

Altmann & Kühne F3
Kunstvoll handgefertigtes »Liliputkonfekt« und die »Hausmarke« als größere Ausgabe, verpackt in zauberhaften Schachteln > **mehr S. 17 Punkt 35**
- 1. | Graben 30

Kunstvolles Zuckerwerk beim traditionsreichen K.-u.-k.-Hofzuckerbäcker Demel

Demel K.-u.-k.-Hofzuckerbäcker
1 E3
Die berühmteste Konditorei der Stadt, deren süße Kreationen seit 1786 von Hand gegossen und geformt werden. Mit Schaubackstube im glasüberdachten Innenhof, charmantem Kaffeehaus > **S. 37** im Ober- und Museum im Untergeschoss > **mehr S. 15 Punkt 21**
• 1. | Kohlmarkt 14

Imperial F4
Die ambitionierte Tortenkonkurrenz von Sacher und Demel > **auch S. 37.**
• 1. | Kärntner Ring 16

Sacher Confiserie F4
Die legendäre originale Schokoladentorte und andere süße Verführungen zum Mitnehmen.
• 1. | Kärntner Str. 38

Schokov D4
Mit rund 200 Schokoladensorten von 20 Firmen aus 15 Ländern sowie eigener Bio-Schokolade ein Magnet für Leckermäuler > **S. 81**. Beliebt: »Schoko to go«.
• 7. | Siebensterngasse 20

MÄRKTE

Tipps zu Wiens schönsten Märkten > S. 99, Detailinfos zu allen findet man unter www.wien.gv.at/freizeit/einkaufen/maerkte.

Der Bauch der Stadt mit Basarflair und kulinarisches Magnet für Touristen wie für Wiener ist der **Naschmarkt** > **S. 98** an der Wienzeile zwischen Kettenbrückengasse und Karlsplatz.

EINKAUFSZENTREN

Alles unter einem Dach bieten u. a. die **Gasometer Shoppingmall** (> **S. 128**; www.gasometer.at), die **BahnhofCity** (Hauptbahnhof, www.hauptbahnhofcity.wien), das riesige **Donauzentrum** (Wagramer Str. 81, www.donauzentrum.at) oder die **Shopping City Süd** außerhalb, in Vösendorf (Europaring, www.scs.at).

AM ABEND

Wien bietet auch abends ein umfassendes Programm: Von trendigen Szeneklubs und -bars bis Oper und Theater ist sicher für jeden etwas dabei.

Über das, was in Wien läuft, informiert ausführlich das Stadt-Wochenmagazin »Falter«, auch online unter www.falter.at. In den Freitagsbeilagen der Tageszeitungen wie »Standard«, »Presse« und »Kurier« findet man die Kulturveranstaltungen der nächsten Woche. Das monatlich erscheinende Veranstaltungsprogramm von WienTourismus erhält man kostenlos in Hotels, bei den Touristinfos › S. 153 oder unter http://events.wien.info.

THEATER

Burgtheater E3
Aushängeschild der Wiener Sprechbühnen. Das Burgtheater hat stets mehrere Dutzende Inszenierungen im laufenden Spielplan und gibt fast jeden Abend ein anderes Stück. Seinen Ruf unter den großen Sprechbühnen festigte es mit zahlreichen Uraufführungen u. a. von Thomas Bernhard, Elfriede Jelinek, Peter Handke, Peter Turrini oder George Tabori.
- 1. | Universitätsring 2
  Tel. 514 44 4145 | www.burgtheater.at

Akademietheater F4
Zur »Burg« gehörig, mit einem mehr die Moderne pflegenden Programm.
- 3. | Lisztstr. 1 | Tel. 514 44 4740

Theater in der Josefstadt D3
Ältestes noch bestehendes, ständig bespieltes Theater der Stadt. Das Programm umfasst Klassiker und Uraufführungen moderner Autoren.
- 8. | Josefstädter Str. 26
  Tel. 427 00 300 | www.josefstadt.org

Zum Theater in der Josefstadt gehören die **Kammerspiele** F2/3, wo nach guter alter Tradition v. a. charmante Komödien gegeben werden (1., Rotenturmstr. 20), und die Experimentierbühne **Rabenhof** J5 (3., Rabengasse 3, Tel. 712 82 82, www.rabenhoftheater.com).

Volkstheater D3
Moderne Stücke und Klassiker von österreichischen und internationalen Autoren, Komödien und Musicals.
- 7. | Neustiftgasse 1 | Tel. 521 11 400
  www.volkstheater.at

Schauspielhaus E1
Spannende und kritische Avantgarde.
- 9. | Porzellangasse 19
  Tel. 317 01 0118
  www.schauspielhaus.at

Brut F4
Bühnenzwilling mit zeitgenössischem, teilweise hochinteressantem Programm.
- 1. | Lothringerstr. 20 (im Konzerthaus)
  bzw. Karlsplatz 5 (im Künstlerhaus)
  Tel. 587 87 74 | www.brut-wien.at

TAG D5
Unorthodox inszenierte klassische Moderne.
- 6. | Gumpendorfer Str. 67
  Tel. 586 52 22 | www.dastag.at

Zu besonderen und unkonventionellen Bühnen › auch Seitenblick S. 28.

KABARETT

Kulisse A2

Beliebte Vorstadtbühne für die Großen der Kleinkunst. Während der Vorstellung kann man auch essen und trinken.

- 17. | Rosensteingasse 39
  Tel. 485 38 70
  www.kulisse.at

Niedermair D3

Mit großem Engagement geführte Kleinkunstbühne, auf der sich Nachwuchstalente erste Sporen verdienen, aber auch Stars gastieren.

- 8. | Lenaugasse 1a | Tel. 408 44 92
  www.niedermair.at

MUSIKBÜHNEN UND KONZERTSÄLE

Wiener Staatsoper E4

Eines der berühmtesten Opernhäuser der Welt mit Spitzenproduktionen auf höchstem Niveau und täglich wechselndem Programm.

- 1. | Opernring 2 | Tel. 513 15 13
  www.wiener-staatsoper.at

Volksoper D1

Überwiegend für die leichtere Muse, sprich Operetten und Musicals, zuständig.

- 9. | Währinger Str. 78
  Tel. 514 44 36 70
  www.volksoper.at

Theater an der Wien E4

Neben Mozart und Wiener Klassik auch Barockopern und Uraufführungen zeitgenössischer Kompositionen.

- 6. | Linke Wienzeile 6
  Tel. 588 85 | www.theater-wien.at

Zu Wiens Ruf als Musicalmetropole tragen auch das **Raimund Theater** B5 (6., Wallgasse 18) und das **Ronacher** F3 (1., Seilerstätte 9) bei. Programminformationen und Ticketbestellung für beide Bühnen unter

- Tel. 588 85 | www.musicalvienna.at

Musikverein F4

Das Stammhaus der Wiener Philharmoniker mit klassischem Repertoire hat schon viele Uraufführungen erlebt.

- 1. | Bösendorferstr. 12
  Tel. 505 81 90 | www.musikverein.at

KARTENVORVERKAUF

Karten für die **Bundestheater** kann man zentral unter Tel. 514 44-0 bestellen. Durchwahl: Staatsoper -2250, Volksoper -3670, Burg- und Akademietheater -4140. Info und Bestellung im Internet unter www.culturall.at. Der Vorverkauf beginnt jeweils am 20. des Monats für den Folgemonat (Burg- und Akademietheater) bzw. einen Monat vor der Aufführung (Staats- und Volksoper). Telefonischer Vorverkauf für Kreditkarteninhaber auch unter Tel. 513 15 13.

Für die **Vereinigten Bühnen Wien** (Raimundtheater, Theater an der Wien und Ronacher) kann man die Karten bis zu zwei Monate im Voraus unter Angabe der Kreditkartennummer bei Wien Ticket beziehen (Tel. 588 85, www.wien-ticket.at).

Karten im Vorverkauf für alle anderen Bühnen kann man direkt über die angegebene Telefonnummer bzw. Internetseite beziehen.

Konzerthaus F4
Viel Zeitgenössisches von den Wiener Symphonikern.
- 3. | Lothringerstr. 20
  Tel. 24 20 02
  www.konzerthaus.at

Radiokulturhaus F5
Vielfältige Veranstaltungen des ORF von Klassik über Jazz bis Pop.
- 4. | Argentinierstr. 30a
  Tel. 50 17 03 77
  http://radiokulturhaus.orf.at

JAZZ, BLUES, COUNTRY & CO.

Jazzland F2
Jazztempel der Stadt und Heimat der österreichischen Jazzszene.
- 1. | Franz-Josefs-Kai 29
  Tel. 533 25 75
  www.jazzland.at

Porgy & Bess F3
Täglich exquisiter Livejazz in seiner gesamten Bandbreite.
- 1. | Riemergasse 11
  Tel. 503 70 09 | Tickets Tel. 512 88 11
  www.porgy.at

Metropol B2
Extremschrammeln von Roland Neuwirt ebenso wie Folk, Chansons und auch Kabarett.
- 17. | Hernalser Hauptstr. 55
  Tel. 40 77 74 07
  www.wiener-metropol.at

SZENELOKALE UND BARS

Wo Wien nachts abhebt und abstürzt, findet man auch im › **Seitenblick S. 44**. Auf die Gefahr ärgster Willkür hin gibt es hier dennoch ein paar zusätzliche Tipps:

Albertina Passage E4
Eleganter Dinner Klub unter dem Ring, mit Top-Küche, American Bar, Lounge, Live-Jazz, -Funk, -Soul und DJ-Events.
- 1. | Passage Opernring–Operngasse
  www.albertinapassage.at
  Di–Sa 18–4, Küche bis 23.30 Uhr

Daniel Moser F3
Schlichtes, kleines Lokal in Weiß und Holz, bei Wiens Jeunesse dorée beliebt zum »Sich-sehen-lassen«. Serviert werden gesunde Häppchen und Fruchtsäfte.
- 1. | Rotenturmstr. 14
  www.danielmoser.at
  So–Mi 8–24, Do–Sa bis 2 Uhr

Dino's F2
American Bar mit Top-Sortiment und angenehmer Musik.
- 1. | Salzgries 19 | www.dinos.at
  Mo–Do 18–3, Fr, Sa bis 4, So 19–2 Uhr

Kruger's American Bar F3/4
Zeitreise in die USA der 1930er-Jahre, mit nostalgischem Interieur, passender Musik und riesiger Cocktail-Auswahl.
- 1. | Krugerstr. 5 | www.krugers.at
  Mo–Do 18–3, Fr/Sa bis 4, So/Fei 19–2 Uhr

Loosbar F3
Schickes Publikum und exzellente Cocktails im Ambiente von Adolf Loos.
- 1. | Kärntner Durchgang 10
  www.loosbar.at
  Do–Sa 12–5, So–Mi bis 4 Uhr

Blaustern
Schick-cooles Designercafé an der neuesten Szenemeile, dem Gürtel.
- 19. | Döblinger Gürtel 2
  www.blaustern.at
  Tgl. 8–23 Uhr

WO WIEN ABHEBT

Das Flex am Donaukanal ist eine Wiener Nightlife-Institution

Nightlife in der altehrwürdigen Kaiserstadt? Undenkbar! Das galt zumindest für die ersten Nachkriegsjahrzehnte, als die Gehsteige noch weit vor Mitternacht hochgeklappt wurden. Doch in den 1980er-Jahren regte sich merklich Leben in alten Gemäuern, und in jüngerer Zeit hat sich Wien gar zu einem Epizentrum in Sachen Clubbing und neuer elektronischer Musik gemausert. Das legendäre Duo Kruder & Dorfmeister, DSL, Pulsinger & Tunakan, Makossa, Tina 303 und The WAZ Experience heißen einige der Stars am DJ-, Sampling- und Remixing-Himmel. Die Locations für DJ-Performances, Klubs und Livegigs wachsen seitdem wie die Schwammerln aus dem Nichts.

Ein Hauptgrund für diese merkliche Verjüngung ist ein erfolgreiches Joint Venture einer jungen und kreativen Gastronomengeneration zusammen mit entschieden erneuerungswilligeren Stadtvätern. Eindrucksvollstes Beispiel: die Umgestaltung des Gürtels von einem verkehrsumtosten Halbweltrevier zur hippen Kultur- und Gastrozone. In den von Otto Wagner entworfenen, ziegelgemauerten Bögen der U-Bahn hat sich neben diversen Beisln, Servicebetrieben und Kunsthandwerksläden auch eine Musikmeile etabliert, bestehend aus In-Locations mit Spitzensounds.

MEGA-PARTYS

Zweimal im Jahr bildet die Ringstraße die Kulisse für besondere Großveranstaltungen: Mitte Mai vor dem Rathaus für den **Life Ball,** ein schillerndes Charity-Event zugunsten von HIV-positiven und AIDS-kranken Menschen › **mehr S. 17 Punkt 32** (www.lifeball.org), und Mitte Juni für die **Regenbogenparade** der Schwulen-, Lesben- und Bisexuellen-Bewegung (www.hosiwien.at).

ADRESSEN AM GÜRTEL

- **B 72** C2
  Schlager, Pop, Gitarrenrock und Elektro, manchmal rau und herzlich, manchmal fein und easy.
  8. | Hernalser Gürtel 72/73 | www.b72.at
  So–Do 20–4, Fr, Sa bis 6 Uhr
- **Chelsea** B3
  Breite Musikpalette, serviert von DJs, daneben Livemusik von Underground- und internationalen Spitzenbands.
  8. | Lerchenfelder Gürtel 29–30
  www.chelsea.co.at | Tgl. 18–4 Uhr
- **Rhiz** B3
  Tagsüber ist das Lokal Internetcafé, nachts lauscht man hier exquisiter elektronischer Musik, z. T. mit VJs.
  8. | Lerchenfelder Gürtel 37/38
  www.rhiz.org | Mo–Sa 18–4, So 18–2 Uhr

IN-LOCATIONS

- **Passage** E4
  Futuristischer Klub mit aufwendigem Lichtdesign in einer ehemaligen Passage unter dem Ring, populäre R&B-, Hiphop-, House- und Retro-Partys.
  1. | Burgring 3 | Babenberger Passage
  www.club-passage.at
  Mi–Do 22–5, Fr–Sa 23–6 Uhr
- **Sass** E4
  Extrem schicker Vorzeige-Klub mit vielfältigem Musikprogramm, großer Tanzfläche und tollem Sounddesign.
  1. | Karlsplatz 1
  www.sassvienna.com | Do–Sa ab 23 Uhr
- **Volksgarten Clubdiskothek** E3
  Dancing zu Klängen von Easy Jazz bis Techno in historischem Ambiente.
  1. | Burgring | www.volksgarten.at
  Mai–Sept. tgl., ansonsten mehrmals wöchentlich 11–4 Uhr

SZENE-KLASSIKER

- **Arena** K6
  Partyzone im ehemaligen Schlachthof, bestehend aus mehreren Hallen und einem Open-Air-Gelände. Wegweisende Pop-, Punk- und Independent-Acts.
  3. | Baumgasse 80/Franzosengraben
  www.arena.co.at
- **Flex** F1
  In-Treff für lauten, aktuellen Beat.
  1. | Am Donaukanal
  Abgang Augartenbrücke
  www.flex.at | Tgl. 20–4 Uhr
- **U4** A6
  Der Pionier unter den Wiener Diskos zeigt sich seit umfangreichem Umbau 2006 gruftig-grau; oft mit Livemusik, täglich wechselnde Schwerpunkte.
  12. | Schönbrunner Str. 222
  www.u-4.at
  Mo ab 19.30, Di–Sa 22–6 Uhr

Der Musikklub Chelsea am Gürtel

Das Café Central im Palais Ferstel in der Herrengasse ist ein Aushängeschild der Wiener Kaffeehauskultur

LAND & LEUTE

STECKBRIEF

- Landeshauptstadt Österreichs und eines der neun Bundesländer
- **Lage:** auf 16 ° 20 östl. Länge und 48 ° 13 nördl. Breite
- **Fläche:** 415 km², davon Grünfläche 206 km², bebaute Fläche 126 km², Verkehrsfläche 83 km²
- **Bevölkerung:** Einwohner ca. 1,87 Mio., davon ca. 30 % Nichtösterreicher, mehrheitlich Serben, Türken, Deutsche, Polen und Rumänen; Bevölkerungsdichte 4507 Einw./km²
- **Landes- und Stadtvorwahl:** Tel. 00 43 / (0)1

- **Landeswährung:** Euro
- **Zeitzone:** Mitteleuropäische Zeit (MEZ, d. h. GMT + 1 Std.) wie in Deutschland und der Schweiz, ebenso Ende März bis Ende Oktober Sommerzeit (MEZ + 1 Std.)

LAGE

Ihre geschichtliche, wirtschaftliche und kulturelle Bedeutung verdankt die Stadt zu einem Gutteil ihrer günstigen geografischen Lage. Durch die Donau als Hauptverkehrsweg zwischen südlichem Mitteleuropa und dem Schwarzen Meer ist Wien seit alters mit dem pannonischen Raum im Südosten und dem Alpenvorland im Westen verbunden. Zudem bildet das etwa 100 km lange Wiener Becken das Bindeglied zwischen den Alpen-, Sudeten- und Karpatenländern.

NATUR UND UMWELT

Verglichen mit anderen Millionenstädten verfügt Wien nicht nur über viele innerstädtische Parkanlagen, sondern an seinen Rändern auch über große und relativ homogene Naturräume. Im Westen prägen die Ausläufer des Wienerwalds mit seiner herausragenden Funktion als Naherholungsgebiet die Landschaft – ein für Mitteleuropa typischer, Laubmischwald aus Buchen und Eichen. In seinen abgelegeneren Teilen, besonders in dem über 2300 ha großen Naturschutzgebiet des Lainzer Tiergartens, sind große Populationen von Rehen, Rot-, Dam- und Schwarzwild heimisch.

Echte Urwälder bilden noch die Auenlandschaften von Prater und Lobau. Letztere ist sowohl ein bedeutendes Wiener Naherholungsgebiet als auch Bestandteil des Nationalparks Donauauen, der sich östlich von Wien bis zur Staatsgrenze mit der Slowakei erstreckt.

LUFT UND WASSER

Die Wiener Luftqualität ist dank des häufigen Westwindes zufriedenstellend, die Abgasbelastungen haben durch das gestiegene Verkehrsaufkommen seit der Öffnung des »Eisernen Vorhangs« und der EU-Osterweiterung zugenommen.

Viel beneidet wird Wien um sein Wasser. Um 1870 wurden, damals eine technische Großtat, zwei Fernleitungen gebaut: die I. Wiener Hochquellen-Wasserleitung über 90 km in das Kalkalpengebiet von Rax und Schneeberg südwestlich von Wien, die andere zum Hochschwabmassiv in der Steiermark. Sie garantieren seither die Versorgung mit erstklassigem Hochquellwasser. Die Grundwasserreservoirs der näheren Umgebung, v. a. die Mitterndorfer Senke, sind dagegen höheren Belastungen ausgesetzt.

WIRTSCHAFT

Viele Österreicher betrachten ihre Hauptstadt als »Wasserkopf«, dessen aufgeblähter Verwaltungsapparat nur Steuern verschlingt. Doch ist Wien unbestritten das größte Wirtschaftszentrum des Landes. Hier werden 26 % des Bruttoinlandsprodukts erwirtschaftet. 90 % der rund 36 000 Unternehmen haben eine klein- und mittelbetriebliche Struktur, über 80 % der Wertschöpfung stammen aus dem Dienstleistungssektor. 2004–15 siedelten sich rund 1200 internationale Betriebe neu in Wien an, mit Tendenz zum Technologie- und Dienstleistungsbereich. Sowohl bei den Beschäftigten als auch bei der Wertschöpfung nach Sektoren dominiert der Dienstleistungsbereich absolut mit über 80 %.

Der Touristenstrom fließt ungebrochen. Mittlerweile verzeichnen die rund 440 Hotelleriebetriebe fast 15,5 Mio. Übernachtungen pro Jahr. Die Bedeutung Wiens als internationaler Warenumschlagplatz wächst auch dank des Rhein-Main-Donau-Kanals ständig. Wesentliche Impulse verliehen der Beitritt Österreichs zur EU im Jahr 1995 sowie deren Erweiterung 2004/07. Aktuelle Konjunkturschwächen und Krisen im Euroraum belasten jedoch auch die heimische Wirtschaft.

POLITIK UND VERWALTUNG

Die Republik Österreich ist ein föderativer Bundesstaat, in dem die neun Bundesländer Hoheitsrechte der Landesverwaltung und Landesgesetzgebung besitzen. Wien ist als Hauptstadt politisches, wirtschaftliches, administratives und kulturelles Zentrum, Sitz von Bundesrat, -regierung, -präsident und Nationalrat sowie der drei höchsten Bundesgerichte. Die große Politik residiert in der Hofburg und am Ballhausplatz.

Zugleich ist Wien das kleinste Bundesland. Als solches verfügt es über einen Landtag, der parallel als Gemeinderat fungiert. Seine 100 Mitglieder werden alle fünf Jahre gewählt. Die Exekutive liegt beim vom Gemeinderat gewählten Stadtsenat, der gleichzeitig Landesregierung ist. An seiner Spitze steht der Bürgermeister (seit Jahrzehnten ein Sozialist bzw. Sozialdemokrat) mit zwei Vizebürgermeistern und dem Magistratsdirektor.

GESCHICHTE IM ÜBERBLICK

5. Jh. v. Chr. Die Boier, ein keltischer Stamm, siedeln sich auf dem Gebiet des späteren Wien an.
15 v. Chr. Die Römer erobern die Alpen- und Donauländer und sichern die Provinz Pannonia durch den Bau des Limes und vieler militärischer Garnisonen. Carnuntum ist die wichtigste Garnison im Wiener Raum; sie erhält durch das Hilfslager Vindobona einen westlichen Flankenschutz.
213 n. Chr. Vindobona, mittlerweile Zivilstadt, erhält das Stadtrecht (Municipium).
4. Jh. Zerstörung durch Germanenstämme.
433 Die Römer treten Pannonia an die Hunnen ab.
881 Erster Zusammenstoß zwischen Baiern und Vortrupps der Ungarn bei Wien. In den Salzburger Annalen wird der mittelalterliche Stadtname »Weniam« zum ersten Mal erwähnt.
955 Bei der Schlacht auf dem Lechfeld nahe Augsburg unterliegen die Ungarn Otto I. Wien liegt am Rande der neuen ottonischen Ostmark, mit der 976 der Babenberger Luitpold belehnt wird. Der Markgraf dehnt die Grenze schnell in Richtung Osten aus.
1155 Heinrich II. Jasomirgott, ab 1156 Herzog von Österreich, verlegt seine Residenz nach Wien, das sich durch seine Lage am Schnittpunkt der Donau mit der Bernsteinstraße zum bedeutenden Handelsplatz entwickelt hat.
1192–1200 Mit dem Lösegeld für Richard Löwenherz, den Leopold V. während der Kreuzzüge gefangen genommen hat, wird die Stadt erweitert und mit Ringmauern umgeben.
1237 Wien wird erstmals die Reichsfreiheit verliehen.
1278 Mit König Rudolf I. beginnt die Regentschaft der Habsburger.
1408 Die selbstbewussten Wiener Bürger stellen sich gegen die Habsburger Landesherren, Bürgermeister Konrad Vorlauf wird als Führer einer Volkserhebung hingerichtet.
1421 Während der »Wiener Geserah« wird die jüdische Bevölkerung der Stadt vertrieben, 200 Juden werden ermordet.
1485 Die Ungarn unter Matthias Corvinus besetzen Wien.
1529 Die erste Türkenbelagerung von Wien scheitert – am schlechten Wetter. Kurz darauf bauen die Wiener ihre Befestigung aus.
1551 Die Jesuiten werden nach Wien berufen, um gegen den sich ausbreitenden Protestantismus zu kämpfen.
1645 Die Schweden stehen vor Wien, ziehen aber kampflos wieder ab. Wien leidet ökonomisch schwer unter dem Dreißigjährigen Krieg.
1679 Die Pest wütet in Wien und fordert in der Bevölkerung mindestens 75 000 Opfer.
1683 Wieder stehen die Türken vor Wien, mit 230 000 Angreifern, denen nur 17 000 Mann gegenüberstehen. In der hoffnungslosen Situ-

ation vertreibt ein 75 000 Mann starkes Entsatzheer die Belagerer.

1684 Beginn barocker Bautätigkeit, Wien wird zur glanzvollen Donaumetropole, die Architekten sowie Bildhauer und Maler anzieht.

1740 Maria Theresia besteigt den Kaiserthron. Mit ihrem Sohn und Mitregenten Joseph II. leitet sie zahlreiche Reformen ein.

1792 Kaiser Franz II. hält die wachsende Unzufriedenheit des Volkes mit rigiden polizeistaatlichen Mitteln nieder. Beginn der Koalitionskriege gegen das revolutionäre Frankreich, das Wien zweimal besetzt.

1814/15 Nach den Napoleonischen Kriegen treffen sich europäische Fürsten und Staatsmänner zum Wiener Kongress. Europa wird neu geordnet.

1821 Staatskanzler Metternich erstickt nationales und liberales Gedankengut. Wien versinkt in der Totenstille der Restauration. Bürger und Künstler flüchten in die innere Emigration.

1848 Ausbruch der Märzrevolution in Wien, die brutal niedergeschlagen wird.

1857 fallen die Befestigungsanlagen, an ihrer Stelle entsteht die Ringstraße. Die Vorstädte werden eingemeindet, Wien erhält eine städtische Selbstverwaltung.

1873 Die erste Hochquellwasserleitung wird eröffnet, die Weltausstellung in Wien abgehalten.

1895 Der christlich-soziale Politiker Dr. Karl Lueger wird Bürgermeister. Er leitet eine bahnbrechende Modernisierungswelle ein.

Osmanen vor Wien – die zweite Türkenbelagerung 1683 (historische Zeichnung)

1914 Beginn des Ersten Weltkriegs.

1916 stirbt Kaiser Franz Joseph 86-jährig in Wien.

1918 Ausrufung der Ersten Republik am 12. Nov. Wien, bis dahin Hauptstadt der Donaumonarchie (55 Mio. Einw.) wird zur Hauptstadt der Republik (6,5 Mio. Einw.).

1922 Die Bundeshauptstadt Wien wird ein eigenes Bundesland. Von den Sozialdemokraten regiert, geht es in eine »Neue Zeit«, in der v. a. das soziale Elend der Arbeiter gemildert wird. Von reaktionären Kräften wird das »Rote Wien« misstrauisch beobachtet. Es kommt zu bürgerkriegsähnlichen Zusammenstößen.

1934 Kanzler Dollfuß lässt einen Aufstand der Arbeiterschaft blutig niederschlagen, er verbietet SPÖ und Gewerkschaften. Im Juli wird er bei einem fehlgeschlagenen Putschversuch von Nationalsozialisten ermordet.

1938 Am Heldenplatz verkündet Hitler den Anschluss Österreichs an das Deutsche Reich. Wien wird Hauptstadt des Gaus »Niederdonau« in der »Ostmark«.
1944/45 Die Alliierten bombardieren Wien und zerstören fast ein Drittel der Stadt.
1945 Wien wird von der Roten Armee befreit und am 1. September von den Alliierten in vier Besatzungszonen aufgeteilt.
1955 unterzeichnen die Außenminister der Siegermächte den österreichischen Staatsvertrag. In den folgenden Jahrzehnten entwickelt sich Wien zu einer Drehscheibe der Ost-West-Geheimdiplomatie.
1979 Nach New York und Genf wird Wien zum UNO-Hauptsitz.
1995 Österreich wird Mitglied in der Europäischen Union.
2008 Wien ist zentraler Spielort der Fußball-Europameisterschaft.
2015 Bei den Wiener Gemeinderatswahlen behauptet die rot-grüne Regierung ihre Mehrheit gegen die rechtspopulistische FPÖ, Bürgermeister bleibt der seit 1994 amtierende Michael Häupl (SPÖ).
2016 Das Milliardenprojekt des Wiener Hauptbahnhofs ist seit Jahresbeginn fertiggestellt, im Umfeld entsteht ein neues Stadtquartier. Im Dez. wählt Österreich Alexander Van der Bellen (Ex-Grünen-Chef) zum Bundespräsidenten.
2017 Beginn der für drei Jahre angesetzten Sanierung des Parlamentsgebäudes. Der Parlamentsbetrieb wird in die Hofburg sowie in Pavillons ausgelagert. Regierungswechsel nach den Nationalratswahlen im Okt. mit einer rechtskonservativen Koalition aus ÖVP und FPÖ; Sebastian Kurz (ÖVP) wird mit nur 31 Jahren Bundeskanzler.
2018 Nach fast einem Vierteljahrhundert im Amt wird Bürgermeister Michael Häupl von Michael Ludwig (ebenfalls SPÖ) beerbt.
2019 Die Wiener Staatsoper feiert ihr 150-jähriges Jubiläum mit zahlreichen Premieren.

KUNST & KULTUR

DAS ALTE WIEN

In Wien haben sich aus der **Romanik** (950 bis etwa 1200) lediglich der westlichste Teil des Stephansdoms, nämlich das Riesentor und die beiden Heidentürme, sowie die Ruprechtskirche und der Schweizer Trakt der Hofburg erhalten.

Viel nachhaltiger prägte die **Gotik** (bis etwa 1500) das Bild der Stadt. Vom Ideengut der Bettelorden beeinflusst entstanden in dieser mittelalterlichen Epoche Maria am Gestade, die Augustiner- und Minoritenkirche, vor allem aber Sankt Stephan – allesamt Gotteshäuser mit hohen Hauptschiffen, schlanken Säulen, zierlichen Strebepfeilern und gleichsam schwebenden Rippengewölben.

Dünn gesät sind hingegen die Bauten aus der **Renaissance** (bis etwa 1600). Einziges Relikt von Rang dieses an den geometrischen Prinzipien der Antike orientierten Stils ist die Stallburg der Hofburg.

WIEN BAROCK

Zu einer wahren Prunkorgie kam es dann an der Wende vom 17. zum 18. Jh., im **Barock.** Die Türken waren besiegt, die Pestepidemien überstanden, die Protestanten zurückgedrängt. Hof, Hochadel und Kirche triumphierten und entfachten einen bis dahin nie da gewesenen Bauboom. Gegen Ende dieser Blüte bildete sich als Gegenstück zum süddeutschen und französischen Rokoko der sogenannte theresianische Barock heraus. Dessen imposantste Schöpfung ist die Innenausstattung von Schloss Schönbrunn.

AUF DEM WEG ZUR MODERNE

Ab 1860 verwandelte sich Wien in eine moderne Metropole. Symbol des Wohlstands und Selbstbewusstseins war die Ringstraße mit ihren Prunkbauten, die anstelle der alten Stadtmauern entstanden. Architekten wie Hansen, Ferstel, Semper, Hasenauer, Siccardsburg und van der Nüll griffen auf verschiedenerlei alte Bauformen zurück. Der **Historismus** wurde zum bestimmenden Stil.

Ein Bruch erfolgte kurz vor der Jahrhundertwende: Unter der Führung Otto Wagners lehnten sich die sogenannten Secessionisten gegen herkömmliche architektonische Ausdrucksformen auf. Ihr ästhetisches Ideal

Nach der Sanierung zeigt der Otto-Wagner-Pavillon Hietzing wieder prächtigen Jugendstil

OTTO WAGNER: DER ARCHITEKT ALS VISIONÄR

Es gibt wohl keinen Architekten, der Wiens Stadtbild so stark prägte wie Otto Wagner (1841–1918), der bahnbrechende Baukünstler und Lehrer von Adolf Loos, Joseph Maria Olbrich und Josef Hoffmann. Er forderte den Verzicht auf jegliche sinnentleerte Ornamentik. Die formale Gestaltung, so sein Credo, müsse sich aus der Funktion ableiten, die Konstruktion gemeinsam mit dem Material die ästhetische Wirkung bestimmen. Mit diesen Prinzipien wurde er 1897 zum Tonangeber der Secession › **S. 99**, deren Mitglieder sich gegen althergebrachte Kunstideale wandten und den Wiener Jugendstil begründeten.

Zuvor, 1894, war Wagner zum Kaiserlichen Architekturbeauftragten ernannt und mit Planung und Bau der Stadtbahn betraut worden, ein gewaltiger Auftrag über 30 Stationsgebäude, Brücken, Galerien etc. Doch Wagner hinterließ in seiner Heimatstadt noch weitere Spuren, z.B. das Schleusenhaus am Nussdorfer Ende des Donaukanals oder das Postsparkassenamt › **S. 86**, dessen ästhetischer Funktionalismus weit über den Jugendstil hinausweist. Im Wiental zeugen das Majolika- und dessen Nachbarhaus von Wagners Gespür für effektvolle Fassadengestaltung › **S. 97**. Im Westen der Stadt hinterließ er eine grandiose Villa, das heutige Ernst-Fuchs-Museum › **mehr S. 15 Punkt 24** Und am Hang des Gallitzinberges erhebt sich die Krönung seines Schaffens: die Kirche am Steinhof, sakrales Hauptwerk der Secession und Kontrapunkt zur üppig barocken Karlskirche (Sa 16–17, So 12–16 Uhr, Führungen Sa 15, So 16 Uhr; 14., Baumgartner Höhe 1, Bus 48 A).

Der Große Kassensaal im Postsparkassenamt ist ein Meisterwerk Otto Wagners

Die ebenso umstrittene wie originelle kubische Wotruba-Kirche

war eine Symbiose aus Funktion und Ornament und ging als **Jugendstil** in die Kunstgeschichte ein. Als bedeutendste Vertreter dieser Kunstrichtung gelten Joseph Maria Olbrich, Josef Hoffmann und Adolf Loos. Nach 1945 schaffte eine Gruppe um Roland Rainer und Karl Schwanzer den Anschluss an die **Moderne.** Ein Objekt aus dieser Zeit überragt alle anderen: Fritz Wotrubas Kirche aus kubischen Betonblöcken im Stadtteil Mauer.

Und die **Gegenwartsarchitektur** Wiens? Eine Weile brauchten die Wiener, um sich an die innovative Formensprache ihrer im Ausland sehr erfolgreichen Stars zu gewöhnen. Mittlerweile aber sind Wilhelm Holzbauer, Gustav Peichl, Hans Hollein († 2014), Coop Himmelb(l)au & Co. auch zu Hause geschätzt. Ihre wegweisenden Bauten wie das Haas-Haus am Stephansplatz, so mancher Wolkenkratzer beiderseits der Donau oder die zu Wohnbauten umfunktionierten Gasometer werden Stadtbesuchern mit Stolz präsentiert. Und auch ausländische Top-Größen der Architektenzunft wie Dominique Perrault und Massimiliano Fuksas oder Santiago Calatrava sind in Wien erfolgreich tätig.

MALEREI UND BILDHAUEREI

Das Bildnis von Herzog Rudolf IV. aus dem Jahr 1365 im Dom- und Diözesanmuseum gilt als ältestes nördlich der Alpen entstandenes Porträt. Die Altartafel »Flucht nach Ägypten« in der Schottenkirche (1469) zeigt im Hintergrund die früheste topografisch verwertbare Ansicht Wiens. Auch in der Bildhauerei entstand bereits in der **Gotik** Wegweisendes, etwa die »Dienstbotenmadonna« im Stephansdom und das Hochgrab Friedrichs III. ebendort, das bereits die Renaissance vorwegnimmt.

Ihren Höhepunkt erreichte auch die Bildende Kunst im **Barock.** Meister wie Johann Michael Rottmayr und Daniel Gran, Franz Anton Maulbertsch, Paul Troger und Andrea del Pozzo schwelgten auf ihren Deckenfresken und Altargemälden in üppigen, von auf Wolken reitenden Engeln, Heiligen und Helden bevölkerten Fantasien. Zu den größten Bildhauern dieser Epoche zählen Georg Raphael Donner, Balthasar Permoser und Balthasar Moll.

Während des **Biedermeiers** entwickelte die Malerei in Reaktion auf die triste politische Realität einen starken Hang zum Idyll und zur Besinnlichkeit. Die großen Künstler der **Romantik** wie Georg Ferdinand Waldmüller, Friedrich Gauermann, Moritz von Schwind oder Rudolf von Alt stellten allerdings in manchen Genrebildern die sozialen Missstände durchaus kritisch dar. Hauptvertreter des als Protestbewegung entstandenen **Jugendstils** Wiener Prägung, genannt Secessionismus, war Gustav Klimt. Ungefähr zur selben Zeit kündigte der stilistische Außenseiter Anton Romako mit seinen nervös-ausdrucksstarken Porträts bereits den kommenden **Expressionismus** an, dem nach der Jahrhundertwende Alfred Kubin, Egon Schiele und Oskar Kokoschka zu einem Siegeszug durch die Galerien verhalfen.

Nach 1945 machte zuerst die »Wiener Schule der Phantastischen Realisten« auf sich aufmerksam, zu der Rudolf Hausner, Anton Lehmden, Arik Brauer, Wolfgang Hutter und Ernst Fuchs zählen. In den 1960er-Jahren schockierten dann Künstler wie Günter Brus oder Hermann Nitsch mit Schlachtungs-, Mal- und Selbstverstümmelungsaktionen das bürgerliche Publikum. In der Folge splittete sich die Kunstszene in unzählige gegensätzliche Richtungen auf. Unter den – auch kommerziell sehr erfolgreichen – Repräsentanten der schon älteren Generation sind u. a. Arnulf Rainer, Oswald Oberhuber, Alfred Hrdlicka und Christian Ludwig Attersee zu nennen, unter den noch jüngeren Künstler wie Franz West, Heimo Zobernig, Herbert Brandl, Elke Kristufek oder die Zwillinge Hohenbüchler.

MUSIK

Einen ersten Höhepunkt erreichte die Wiener Tonkunst mit dem Imperialstil des **Barock.** Meister wie Claudio Monteverdi und Marc Antonio Cesti kultivieren im Auftrag der Habsburger die italienische Oper am Hof zu Wien. Als großer Reformer der Gattung Oper trat im 18. Jh. Christoph Willibald Gluck in Erscheinung. Wenig später wurde Wien zum Sammelpunkt großer Komponisten, mit seinen Symphonien und Opern, Messen und Kammermusik-Werken prägte v. a. das Dreigestirn Haydn – Mozart – Beethoven jene Epoche, die als **Wiener Klassik** in die Musikgeschichte einging.

Den Übergang zur **Romantik** schuf Franz Schubert, der begnadete Schöpfer eines neuen, vom Klavier mitbestimmten Liedstils. In diesen Jahren wurde der Wiener Walzer geboren, dessen unwiderstehlichen

ES LEBE DER TOD!

Der Zentralfriedhof ist auch ein Refugium für die innerstädtische Fauna

Neben vielen längst überholten Wien-Klischees existiert eines, das offenbar Realität ist: Die Wiener pflegen ein besonders nahes Verhältnis zum Tod. Wo sonst beschäftigt sich jedes zweite Volkslied mit dem Sterben und der Ewigkeit? Wo sonst könnte ein Trunkenbold wie der liebe Augustin, der zu Zeiten der Pestepidemie aus einem Massengrab auferstand, in das er berauscht gefallen war, noch Jahrhunderte später als Identifikationsfigur dienen? Wo sonst hat die Branche des *Pompfüneberers* (aus »pompes funèbres« verballhornte Bezeichnung des schwarz gekleideten Sargträgers) so wenig Nachwuchssorgen? Und in welcher anderen Stadt gilt eine »schöne Leich« – ein nobles Begräbnis mit großem Kondukt, pathetischen Nachrufen und üppigem Leichenschmaus – als Krönung des Daseins? Wen wundert es da, dass die Friedhöfe in Wien neben ihrer ursächlichen Funktion auch als beliebte Ausflugsziele dienen.

Besonders der legendäre **Zentralfriedhof** 2 in Simmering, mit seinen 2,5 km^2 und über 3 Mio. Toten der größte Gottesacker der Stadt, gleicht heute einem Freizeitidyll. Der »Zentral« dient aber auch der Bildung. Oft sieht man auf den kilometerlangen Wegen Spaziergänger beim studieren der auf den Grabsteinen gravierten Namen und Titel – vom »Wirklichen Hofrat« bis zum »Kammeroberamtsofficial«. Und der Besuch der rund 10 000 Ehrengräber gleicht einem Gang durch ein Pantheon der österreichischen Historie: Beethoven und Johannes Brahms sind hier bestattet, Franz Schubert, Johann Strauß senior und junior, Johann Nestroy, Hans Moser, Curd Jürgens, Helmut Qualtinger sowie alle Bundespräsidenten der zweiten Republik u. v. a. m. (geöffnet tgl., März bis Allerheiligen 7 bis mind. 18, Nov. bis Febr. 8–17 Uhr, Führungen Anf. April bis Ende Okt. Fr 14 Uhr, ohne Anm., Treffpunkt Tor 2; www.zentralfriedhof.info).

Willi Resetarits ist ein Urgestein des österreichischen Mundart-Rock und -Blues

Dreivierteltakt Josef Lanner, Johann Strauß und dessen Söhne in aller Welt berühmt machten. Auch die Operette feierte im Wien des 19. Jhs. und frühen 20. Jhs. Triumphe. Ihre größten Komponisten: Johann Strauß Sohn, Franz Lehár, Carl Millöcker und Franz von Suppé. In der Folge konzentrierte sich das internationale Musikgeschehen noch zweimal in Wien: erstmals um die Jahrhundertwende, als Johannes Brahms, Anton Bruckner und Gustav Mahler hier ihre romantischen Instrumental- und Orchesterwerke komponierten. Und zum zweiten Mal kurz darauf, als Arnold Schönberg die Fesseln der Tonalität sprengte, seine anfangs heftig befehdete Zwölftonmusik entwickelte und die sogenannte **Zweite Wiener Schule** begründete.

Das späte 20. und das 21. Jh. bestimmt eher die **U-Musik:** Hier eroberten einige Namen Konzertsäle und Hitlisten: die Liedermacher Wolfgang Ambros, Reinhard Fendrich und Georg Danzer († 2007) sowie Ludwig Hirsch († 2011), der Wiener Rocker Ostbahn-Kurti (alias Willi Resetarits) mit seiner Band oder Roland Neuwirth, der mit seinen Extremschrammeln dem Genre Wiener Lied neue, virtuose Impulse verlieh. Mundart ist im Rock-Pop-Genre auch heute noch angesagt, wie z. B. die Wiener Band Wanda mit ihren Texten zwischen Provokation, Schmäh und Schmalz zeigt.

Natürlich erwerben sich parallel dazu auch zeitgenössische Komponisten im Bereich der sogenannten **E-Musik** von Wien aus international große Lorbeeren. Stellvertretend genannt seien Friedrich Cerha, Kurt Schwertsik, Iván Eröd, HK Gruber und Olga Neuwirth.

LITERATUR

Als unbestrittener Meister des klassischen Dramas ging Franz Grillparzer in die Literaturgeschichte ein. Ferdinand Raimund und Johann Nestroy verfassten geniale Volkskomödien im Dutzend. Bedeutendster Erzähler dieser Zeit war Adalbert Stifter mit seinen elegischen Naturbeschreibungen und sittlichen Gesellschaftsromanen.

Um die Wende 19./20. Jh. erlebte das literarische Wien eine beispiellose Blütezeit. Die Mitglieder der Vereinigung Jung-Wien – u. a. Arthur Schnitzler, Hugo von Hofmannsthal, Peter Altenberg, Stefan Zweig – rückten die Welt der Stimmungen, Nerven und Reize ins dichterische Blickfeld. Die Vertreter des Fin de siècle, des Wiener Symbolismus, schienen zugleich das Ende einer Epoche vorauszusehen – und der Beginn des Ersten Weltkrieges gab ihnen recht. Eine wortgewaltige Ausnahmeerscheinung war der Satiriker und Sprachkritiker Karl Kraus.

In der Zwischen- und Nachkriegszeit wirkten in Wien einige der bedeutendsten deutschsprachigen Romanciers: Robert Musil, Hermann Broch, Joseph Roth und Heimito von Doderer. Wiens geistig-literarisches Leben war jedoch zum großen Teil von jüdischen Bürgern getragen. Ihre Vertreibung und Verfolgung durch die Nationalsozialisten kam einem geistigen Exodus gleich, der auch nach 1945 unumkehrbar blieb. Nur wenige, wie Fritz Hochwälder und Alexander Lernet-Holenia, knüpften stilistisch an Vorkriegstraditionen an. Andere, wie etwa Friederike Mayröcker und die »Wiener Gruppe« um H. C. Artmann, gingen neue Wege, indem sie in ihre Textmontagen Dadaistisches, Surrealistisches und Mundartliches einbezogen.

Aus der großen Schar der Dramatiker ragen Wolfgang Bauer, Peter Turrini und v. a. Thomas Bernhard heraus. Als Prosadichter haben sich in den letzten Jahrzehnten u. a. Gerhard Roth, Christoph Ransmayr, Peter Rosei und Robert Menasse weit über die Landesgrenzen hinaus einen Namen erschrieben.

DIE BESTEN WIEN-BÜCHER

- Die letzten Jahrzehnte der Donaumonarchie beschrieb **Joseph Roth** mit unüberbietbarem Gespür für den Geist der Zeit und das Wesen der K.-u.-k.-Seele in seinen zwei Schlüsselwerken **Radetzkymarsch** und **Die Kapuzinergruft** (beide u. a. Suhrkamp / Insel Verlag 2010).
- In **Friedrich Torbergs** ungemein humorvollen Anekdotensammlungen **Die Tante Jolesch** und **Die Erben der Tante Jolesch** wird beim Lesen wienerisch-jüdischer Witz vom Feinsten lebendig (Langen Müller 2013).
- Jede Menge Lokalkolorit vermittelt auch **Stefan Zweig** in **Die Welt von gestern,** seiner Schilderung des (groß)bürgerlichen Wiens vor dem Zweiten Weltkrieg (u. a. Anaconda 2013).
- **Heimito von Doderers** Roman **Die Strudlhofstiege** fängt meisterhaft die Atmosphäre der Zwischenkriegszeit ein (dtv 2009).
- Die abgründigen Seiten der Wiener Seele, vor allem Larmoyanz und politischen Opportunismus, offenbaren **Helmut Qualtinger/ Carl Merz** in ihrem gnadenlos-sarkastischen Monolog **Der Herr Karl** (Deuticke 2007).
- Als Meister der Wiener Mundart fasste **H. C. Artmann** das Wesen der (Vorstadt-)Seele genial in poetische Worte: **Sämtliche Gedichte** (Jung & Jung 2003).

Die bisher höchste Auszeichnung für eine österreichische Schriftstellerin erhielt Elfriede Jelinek (geb. 1946) im Jahr 2004: den Literaturnobelpreis. Die Bestsellerautorin (»Lust«, »Die Klavierspielerin«) gilt als eine der unbequemsten Schriftstellerinnen und Theaterautorinnen im deutschsprachigen Raum, ihre zentralen Motive sind die Rolle der Frau, Sexualität sowie Gewalt und Macht in der Konsumgesellschaft.

FESTE & VERANSTALTUNGEN

Wer in der alten Kaiserstadt unter Langeweile leidet, ist selbst schuld. Denn die Wiener verstehen die Kunst des Feierns aus dem Effeff und lassen ihre Gäste bei deren Ausübung bereitwillig mitgenießen.

Berühmt ist der Wiener Fasching mit seinem dichten Programm an Bällen und *Gschnasen* (= Kostümfesten). Nicht minder prall gefüllt ist ganzjährig – also mittlerweile auch im Hochsommer – der Kalender der Bühnenhäuser und Konzertsäle. Auch Sportler und Freunde gehobenen Brauchtums kommen voll auf ihre Kosten. Detaillierte Informationen unter www.wien.info oder www.falter.at bzw. im Stadtmagazin »Falter« und, am übersichtlichsten, jeweils für den ganzen Monat in der Broschüre »Wien-Programm« (hrsg. von WienTourismus), die gratis in den Touristeninformationen, vielen Hotels, Ticketkassen etc. aufliegt.

FEST- UND FEIERTAGSKALENDER

1. und 6. Januar: Neujahr und Heilige Drei Könige – gesetzliche Feiertage; am 1. Jan.: das aus dem Goldenen Saal des Musikvereins übertragene **Neujahrskonzert der Wiener Philharmoniker.**

6. Januar bis Aschermittwoch: Ganz Wien schwingt das Tanzbein während des Faschings, der Ballsaison. Höhepunkt ist der **Opernball** am letzten Donnerstag (www.wiener-staatsoper.at).

Januar/Februar: Beim **Festival Resonanzen** wird im Konzerthaus von Starinterpreten aus aller Welt der Alten Musik die Reverenz erwiesen.

März/April: Osterklang: Bei den hochkarätigen Konzerten – vorwiegend barocker – Sakralmusik stehen in der Karwoche und am Osterwochenende die Wiener Philharmoniker im Mittelpunkt.

1. Mai: Tag der Arbeit.

Mai bis Oktober: Wiener Mozart Konzerte im Musikverein, z. T. in der Oper (www.mozart.co.at).

Mitte Mai bis Mitte Juni: Mit den **Festwochen** (www.festwochen.at) zieht die Kulturmetropole Wien vor der Welt ihre eindrücklichste Visitenkarte. Zwischendurch geht vor und im Rathaus der **Life Ball** (www.lifeball.org), ein schillerndes Charity-Event zugunsten der Aids-Hilfe, über die Bühne und wogt die **Regenbogenparade,** der Wiener »Christopher Street Day«, über die Ringstraße (www.hosiwien.at/regenbogenparade) › **S. 44.**

Juni: Der bunte **Blumenkorso** zieht durch den Prater mit prächtig geschmückten Kutschen und Pferden. Gegen Monatsende locken beim **Donauinselfest** dutzende Künstler drei Tage lang ein Millionenpublikum ins Freie (www.donauinselfest.at).
Juli/August: Wien bleibt musikalisch: zum einen beim **Jazz-Fest** (Anfang Juli, www.viennajazz.org), dem **ImPuls Tanz-Festival** (Mitte Juli–Ende Aug., www.impulstanz.com) und die gesamten zwei Monate lang beim **Musikfilmfestival** > S. 76 vor dem Rathaus.
15. August: Mariä Himmelfahrt.
September/Oktober: Beim **Wiener Wiesn-Fest** geht es mit Party und Brauchtum im Prater hoch her (www.wienerwiesnfest.at).
Oktober: Cineasten schweben bei der **Viennale** (www.viennale.at), Fans zeitgenössischer E-Musik im Konzerthaus beim Festival **Wien modern** (www.wienmodern.at) im siebten Himmel. Gegen Mitte des Monats präsentiert die **Viennafair** eine Leistungsschau zeitgenössischer Kunst mit Schwerpunkt Zentral- und Osteuropa (www.viennafair.at).
26. Oktober: Nationalfeiertag.
1./2. November: Allerheiligen und Allerseelen.
November: In der Hofburg findet die renommierte Kunst- und Antiquitätenmesse **Art & Antique** statt (www.artantique-hofburg.at).
Dezember: Auf der Freyung, dem Spittelberg, vor dem Rathaus, der Karlskirche und Schloss Schönbrunn finden stimmungsvolle **Christkindl- und Weihnachtsmärkte** statt. In der letzten Jahresnacht lädt der **Silvesterpfad** in der Innenstadt mit Gastroständen und Musikbühnen zum riesigen Open-Air-Fest, der **Kaiserball** hingegen in die Hofburg.
8. bzw. 24./25. Dezember: Mariä Empfängnis bzw. Weihnachten.

Weihnachtsmarkt am Maria-Theresien-Platz

Die barocke Karlskirche mit ihrer mächtigen Kuppel gehört zu den Wahrzeichen Wiens

TOUREN & SEHENSWERTES

INNERE STADT

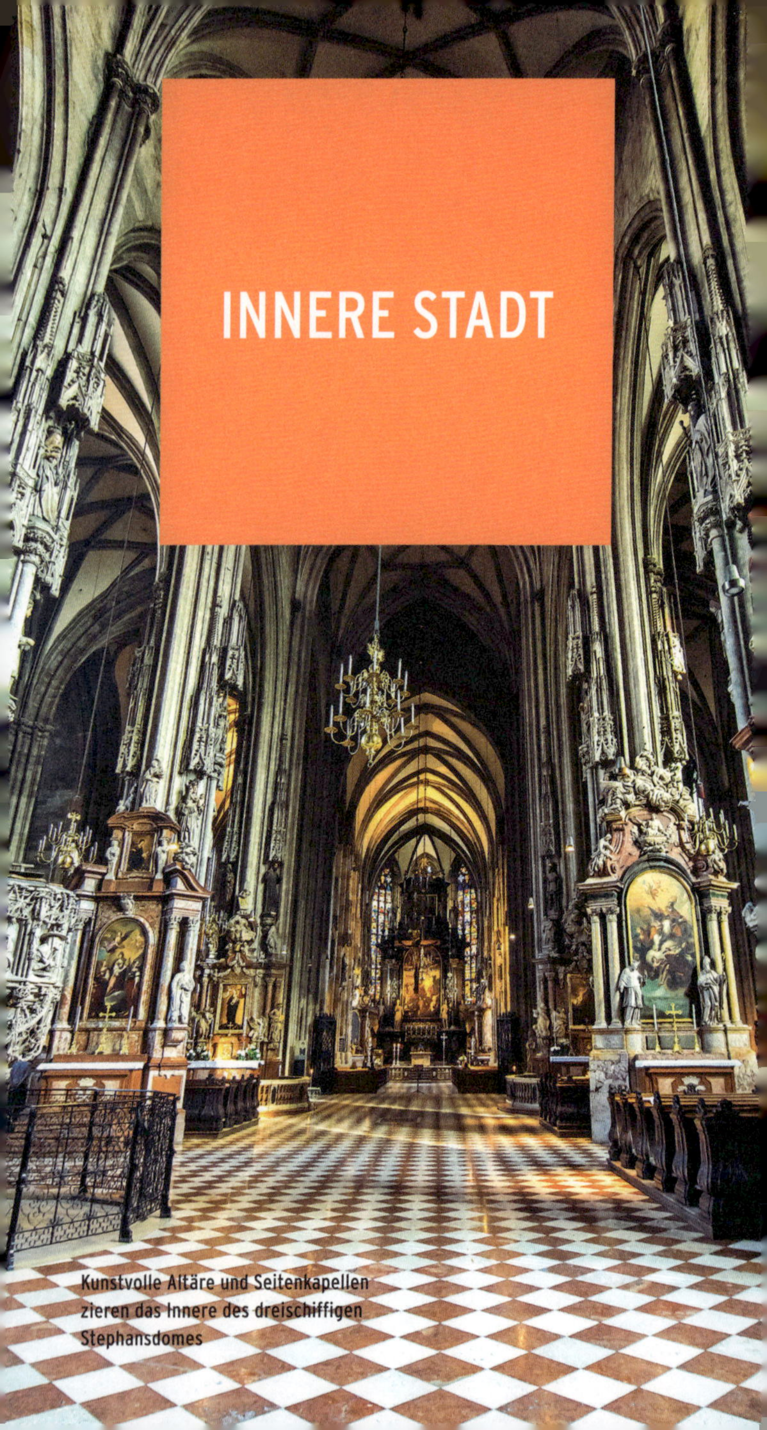

Kunstvolle Altäre und Seitenkapellen zieren das Innere des dreischiffigen Stephansdomes

In Wiens altem Stadtkern reihen sich in einem einmaligen Ensemble Museen und Sehenswürdigkeiten wie Perlen an einer Kette auf. Entdecken Sie Stephansdom, Hofburg, Albertina, MuseumsQuartier und viele weitere Attraktionen.

Die Donau ist möglicherweise schön, aber ganz sicher nicht blau, der typische Wiener keineswegs ununterbrochen gemütlich und charmant und die Wiener Küche zwar überaus schmackhaft, aber genau genommen eine Mischung aus importierten Traditionen. Freilich ändert die Fragwürdigkeit so mancher Klischees rein gar nichts an dem generellen Zauber, den Österreichs Hauptstadt verströmt. Kaiserliche Pracht, biedermeierliches Idyll und der pulsierende Beat der Gegenwart verschmelzen in dieser Metropole zum lebendigen Ganzen.

Die beiden im Folgenden beschriebenen Rundgänge im 1. Bezirk, die den Kern jeder Stadterkundung bilden, machen mit zwei sehr gegensätzlichen Facetten Wiens bekannt: der erste mit der imperialen Hinterlassenschaft, der Hofburg, in der mit kurzen Unterbrechungen über 600 Jahre das politische Herz des Habsburgischen Vielvölkerreiches schlug, und der westlichen Ringstraße, an der sich vom Burgtheater über Rathaus und Parlament bis zum Kunst- und Naturhistorischen Museum politische Repräsentationsbauten und hochkarätige Musentempel dicht an dicht reihen.

Der zweite Rundgang führt in das malerische Gassenlabyrinth des alten Stadtkerns, zu seinen römischen Fundamenten, den ältesten Kirchen und dem Platz, an dem einst die Residenz der Babenberger Herzöge stand. In seinem Zentrum steht eine ausführliche Besichtigung des Stephansdoms, der seit der Gotik den geistigen Mittelpunkt der Reichs- und späteren Republikhauptstadt markiert. Natürlich kommen auf den beiden Touren auch Entspannung und Zerstreuung keineswegs zu kurz. Dafür sorgen u. a. die weitläufigen, in Wien generell überaus gepflegten Parkanlagen, die unzähligen Kaffeehäuser und Konsumtempel jeder Art.

Fiaker am Michaelerplatz

TOUREN DURCH DIE INNERE STADT

TOUR 1

IMPERIALES WIEN

VERLAUF: Staatsoper > Hofburg > Westliche Ringstraße > MuseumsQuartier

KARTE: Seite 68
DAUER: 3–4 Std. (ohne Museumsbesuche)
PRAKTISCHE HINWEISE:

- Der Startpunkt der Tour ist bequem mit der U-Bahn erreichbar (Station Karlsplatz, U1, U2, U4).
- Am Ende laden diverse Lokale im MuseumsQuartier bzw. in Spittelberg zum kulinarischen Ausklang.
- Mit lohnenden Museeumsbesuchen in der Hofburg, im MuseumsQuartier sowie des Natur- und mehr noch des Kunsthistorischen Museums kann die Tour mühelos einen ganzen Tag dauern.
- Eilige gehen direkt vom Heldenplatz zu den Museumszwillingen am Maria-Theresien-Platz.

TOUR-START: STAATSOPER 1 3 E4

Am Anfang steht ein Gebäude, das wie kein zweites – sieht man vielleicht vom Musikverein ab – in aller Welt den Ruf Wiens als Musikmetropole manifestiert hat: die Staatsoper, wo sich von September bis Juni die internationalen Gesangsstars die Klinke in die Hand geben. Programm und Dirigenten wechseln fast täglich, das Hausorchester jedoch, die berühmten Wiener Philharmoniker, spielt Abend für Abend auf. Nur an zwei Tagen macht der reguläre Betrieb während der Saison Pause: Im Februar, wenn die Logen zur Kulisse für den Opernball, den glanzvollen Höhepunkt des Wiener Faschings, werden.

Das »Haus am Ring« ist freilich nicht nur ein Ort für erlesene Klangkultur, sondern auch einer, an dem die Wiener mit besonderer Hingabe einem Gesellschaftsspiel frönen, das sie perfekt beherrschen: dem Raunzen und Intrigieren. Schon vor der Eröffnung 1869 – die neue k.-u.-k.-Hofoper war der erste fertiggestellte Monumentalbau an der Ringstraße – hatten die Zeitungen den Entwurf mit seiner Loggia, den seitlichen Arkaden und dem metallenen Tonnendach so hämisch kritisiert, dass sein verzweifelter Innenarchitekt Eduard van der Nüll in den Freitod ging. Sein Kompagnon August von Siccardsburg nahm sich die Kritik nicht minder zu Herzen und erlag wenige Wochen später einem Infarkt. Auch so mancher Direktor oder Dirigent – ob im frühen 20. Jh. Gustav Mahler, Bruno Walter und Richard Strauss oder im späten

Herbert von Karajan, Lorin Maazel und Claudio Abbado – hatte unter der Arglist der öffentlichen Meinung zu leiden.

Wenn man keine Opernkarten ergattert hat, sollte man wenigstens die Innenräume besichtigen: das freskenverzierte Treppenhaus, das Schwind-Foyer mit seinen spätromantischen Gemälden, den Gustav-Mahler- und Marmorsaal und den über 2200 Personen fassenden Zuschauerraum. Führungen geben dazu im Sommer und auch während der Saison Gelegenheit (Tel. 514 44 2606 od. 514 44 2421, www.wiener-staatsoper.at; Infos zum Kartenvorverkauf › S. 42).

Erste Anlaufstelle für prominente und solvente Operngäste ist das legendäre **Hotel Sacher** direkt hinter der Staatsoper (Kärntner Str. 38, www.sacher.com).

ZWISCHENSTOPP: CAFÉ

Café Oper Wien 1 E4

Zur Einkehr empfiehlt sich das gemütliche Café an der Ostseite der Staatsoper.

- 1. | Opernring 2
  Mo–Sa 8–24, So ab 9.30 Uhr

HAUS DER MUSIK 2 F3/4

Unweit der Staatsoper, im historischen Palais Erzherzog Karl, wurde im Jahr 2000 das weltweit erste Klangmuseum eröffnet. Auf sechs Etagen bieten multimediale und interaktive Ausstellungsbereiche neue Zugänge zum Thema Musik von der Historie bis in die Zukunft, wobei das Erleben im Vordergrund steht. Die erste Etage ist exklusiv den Wiener Philharmonikern gewidmet › mehr S. 12 Punkt 1 (tgl. 10–22 Uhr, 13 €; Seilerstätte 30, www.hausdermusik.at).

Der spätbarocke Sarkophag von Maria Theresia und Franz I in der Kaisergruft

KAPUZINERGRUFT 3 ★ E3

In den auch als Kaisergruft bekannten unterirdischen Räumen werden seit 1633 die Angehörigen des Hauses Habsburg beigesetzt. 12 Kaiser, 15 Kaiserinnen und an die 100 Erzherzöge ruhen hier, von Kapuzinerpatres sorgsam bewacht. Wandert man durch die dunklen Gelasse, erfährt man nicht nur vieles über die Genealogie eines der bedeutendsten europäischen Herrschergeschlechter, sondern auch über den Wandel des Totenkults und der Kunststile.

Im ersten und kleinsten Raum liegen Kaiser Matthias, der Begründer der Anlage, und seine Gemahlin Anna in schlichten Zinnsärgen. Maria Theresia und Franz Stephan von

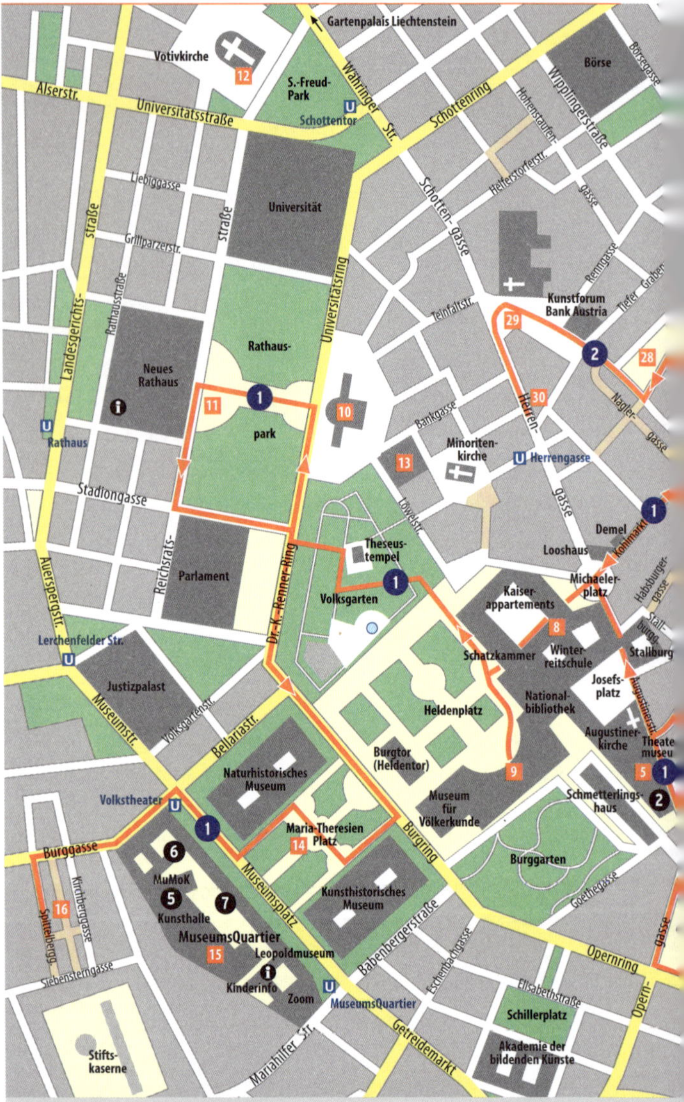

TOUREN DURCH DIE INNERE STADT

TOUR 1

IMPERIALES WIEN

1 Staatsoper
2 Haus der Musik
3 Kapuzinergruft
4 Mahnmal gegen Krieg und Faschismus
5 Albertina
6 Dorotheum
7 Peterskirche
8 Alte Hofburg
9 Neue Hofburg
10 Burgtheater
11 Rathausplatz
12 Votivkirche
13 Stadtpalais Liechtenstein
14 Kunst- und Naturhist. Museum
15 Museums Quartier
16 Spittelberg

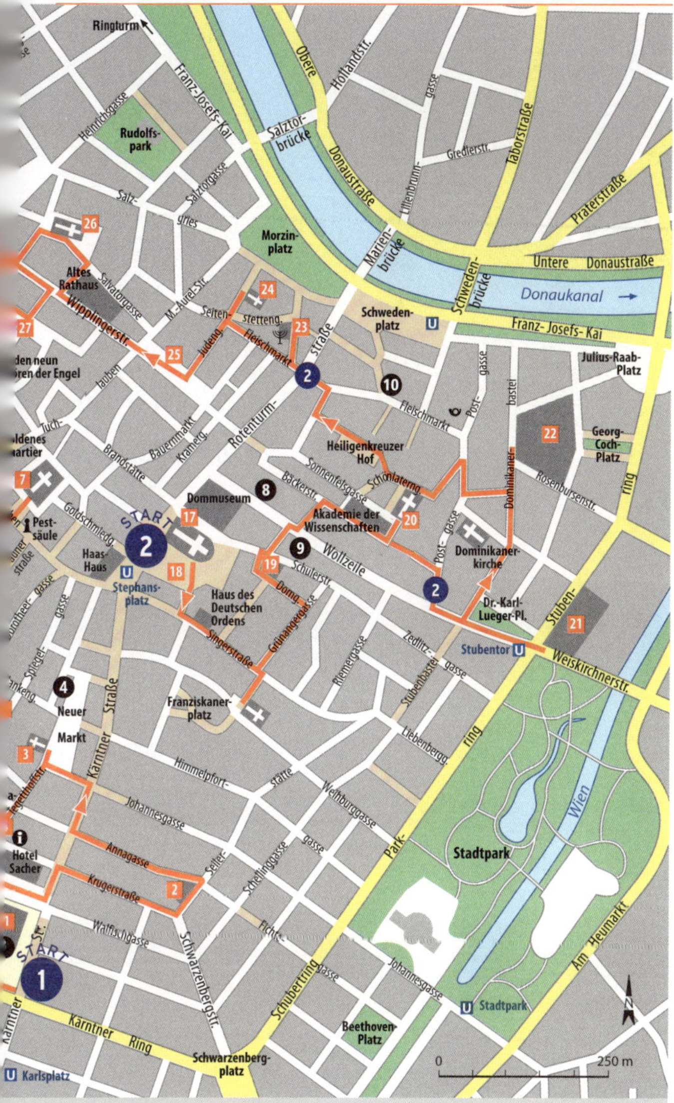

TOUR 2

MITTELALTERLICHES WIEN

17 Stephansdom
18 Stephansplatz
19 Mozarthaus
20 Jesuitenkirche
21 Museum für angewandte Kunst
22 Postsparkassenamt
23 Synagoge
24 Ruprechtskirche
25 Hoher Markt
26 Maria am Gestade
27 Judenplatz
28 Am Hof
29 Freyung
30 Palais Ferstel

Alfred Hrdlickas Mahnmal gegen Krieg und Faschismus am Albertinaplatz

Lothringen hingegen hat man ihrer Zeit gemäß in einem mit Basreliefs verzierten barocken Prunksarkophag (von Balthasar Moll) bestattet. Stets frischer Blumenschmuck ziert die Särge von Franz Joseph und seiner Frau Sisi. Als bislang letzte ihres Standes wurde am 1. April 1989 Zita, Österreichs letzte Kaiserin, in der Gruft beigesetzt (tgl. 10–18 Uhr, 7,50 €; www.kaisergruft.at).

MAHNMAL GEGEN KRIEG UND FASCHISMUS 4 E3

Hinter der Oper, am Albertinaplatz, sorgte jenes Mahnmal, das der Bildhauer Alfred Hrdlicka 1988 in Gedenken an die Opfer des Nationalsozialismus errichtete, für kulturpolitische Kontroversen. In dem Streit ging es nicht um die Notwendigkeit einer solchen Gedenkstätte, vielmehr debattierte man die geeignete Ausführung. Würde das aus grob behauenen Granit- und Marmorblöcken sowie einer Bronze bestehende Monument seiner Aufgabe gerecht? Die Betroffenheit, die man bei vielen vor dem Denkmal verweilenden Leuten sieht, spricht vielleicht das entscheidende Urteil.

Am Albertinaplatz, Ecke Maysedergasse, befindet sich auch die **Tourist-Info Wien** › S. 153.

ALBERTINA ★ 5 E3

Auf Kunstwerke ganz anderer Art stößt man in dem Gebäude schräg gegenüber: Dessen Namenspatron, Herzog Albert Kasimir von Sachsen-Teschen, hatte das Palais Anfang des 19. Jhs. gekauft und zu einer Gemäldegalerie umbauen lassen, deren Grundstock die Erfolge eigenen Sammlerfleißes bildeten. Heute ist hier die größte grafische Sammlung der Welt untergebracht. Ihre im Rahmen von Wechselausstellungen präsentierten Bestände umfassen Zeichnungen und Aquarelle sowie über 1,5 Mio. Druckgrafiken von nahezu allen großen Künstlern zwischen Gotik und Moderne. Die Schausammlung präsentiert eine herausragende Kollektion von Meisterwerken der Moderne von Monet über Picasso bis Baselitz (tgl. 10–18, Mi bis 21 Uhr, 12,90 €; www.albertina.at).

Vis-à-vis der Albertina, im imposanten barocken Palais Lobkowitz finden an Bühnengeschichte Interessierte eine wahre Fundgrube: das **Theatermuseum.** Mit mehr als 1,5 Mio. Objekten ist es das weltweit größte seiner Art und umfasst auch die Bestände des vor wenigen Jahren aufgelassenen Staatsopernmuseums. Zudem gibt es regelmäßig erlesene Themenschauen (Mi–Mo 10–18 Uhr; Lobkowitzplatz 2, www.theatermuseum.at).

ZWISCHENSTOPP: RESTAURANT

Bitzinger's Augustinerkeller 2 € E3
Ein traditioneller Heuriger mitten in der Stadt: In den alten Klosterkeller-Gewölben unter der Albertina-Rampe speist es sich auch mittags fast wie in Grinzing – bei üppigem Heurigenbuffet und spritzigem Wein. Für Eilige: Bitzinger's Würstelstand nebenan am Albertinaplatz > **mehr S. 14 Punkt** 14
- 1. | Augustinerstr. 1 | www.bitzinger.at
  Tgl. 11–24 Uhr

DOROTHEUM 6 4 F3

Beim Bummel durch das angrenzende »Antiquitätenviertel« zwischen Kärntner Straße und Augustinerstraße ist Vorsicht geboten. Geldbörsen pflegen sich dabei über die Maßen rasch zu leeren. Denn die Vielfalt an historischen Kostbarkeiten, die hier in mehreren Dutzend Läden neuer Besitzer harren, sind meist ebenso teuer wie verführerisch schön.

Besonders negativ auf das Urlaubsbudget kann sich ein Besuch im Dorotheum auswirken. Das weltbekannte Auktionshaus, vom Volksmund liebevoll »'s Pfandl« genannt, besteht bereits seit 1707. Von Joseph I. als »Versatz- und Frag-Amt« gegründet, war es für viele Notleidende auf ihrer Flucht vor Wucherern der rettende Hafen. Der heutige neobarocke Bau, um 1900 an der Stelle eines profanierten Klosters errichtet, hat freilich gar nichts mit einer ärmlichen Pfandleihanstalt gemein. In den stuckverzierten Schauräumen fühlt man sich wie in einer noblen Einkaufspassage. Mit dem wesentlichen Unterschied, dass wohl die Chance auf ein Schnäppchen im Dorotheum ungleich geringer sein dürfte. Ob Möbel, Teppiche, Münzen, Porzellan, Bücher, Briefmarken oder Schmuck – wofür auch immer man eine Sammlerleidenschaft hegt: Hier lässt sie sich mit Sicherheit stillen. Damit dies unmittelbar erfolgen kann, gibt es den Bereich »Freier Verkauf« > S. 39 (Mo–Fr 10–18, Sa 9–17 Uhr; Dorotheergasse 17, www.dorotheum.com).

ZWISCHENSTOPP: CAFÉS

Café Bräunerhof 3 F3
Ein stilvoller und geschichtsträchtiger Rastplatz ist das. Hier pflegte kein Geringerer als Thomas Bernhard bis zu seinem Tod über Stapel von Zeitungen gebeugt vor sich hin zu granteln und die nächste Verbalattacke gegen Wien und die Welt zu erdichten.
- 1. | Stallburggasse 2
  Mo–Fr 8–21, Sa 8–19, So/Fei 10–19 Uhr

Kurkonditorei Oberlaa 4 F3 Naschkatzen sei ein Besuch in der nahe gelegenen Konditorei ans Herz gelegt. Dort kredenzt man nach Meinung vieler die besten Torten und Kuchen der Stadt
- 1. | Neuer Markt 16 | Tgl. 8–20 Uhr

PETERSKIRCHE 7 F3

Auch zwei Kunstdenkmäler lohnen in diesem Viertel nähere Betrachtung: die Peterskirche und die Pestsäule. Erstere wurde nach Plänen von Johann Lukas von Hildebrandt erbaut und mit einem Kuppelfresko von Johann Michael Rottmayr gekrönt, alles zwischen 1998 und 2004 frisch renoviert, ist eines der schönsten Barockjuwele der Stadt.

Die **Pestsäule** ist ein barockes Schmuckstück in der Fußgängerzone am Graben. Errichtet wurde sie ursprünglich als Dreifaltigkeitssäule nach der Epidemie von 1679, das heutige 18 m hohe Marmormonument wurde 1694 fertiggestellt.

KOHLMARKT UND GRABEN E3

Bevor man nun den weitläufigen Komplex der Hofburg betritt, empfiehlt sich ein Bummel über Wiens eleganteste Einkaufsmeile, über **Kohlmarkt** und **Graben.** Hier rühmen sich immer noch einige Läden auf Schildern aus Schmiedeeisen oder Email ihrer Vergangenheit als Lieferanten des kaiserlichen Hofes, darunter die **K.-u.-k.-Hofzuckerbäckerei Demel** › S. 37, 40. In diesen Gassen wurde einst bestimmt, was die über 50 Mio. Untertanen in Österreich-Ungarn als geschmackvoll und modisch zu empfinden hatten. Freilich kann man auch interessante Eindringlinge aus der republikanischen Zeit entdecken, etwa jene von Hans Hollein entworfenen Geschäftsportale (Kohlmarkt Nr. 7 u. 10), die in allen internationalen Handbüchern für moderne Architektur angeführt sind.

HOFBURG 5 E3

Als Startpunkt einer Exkursion in die ehemalige Schaltzentrale des habsburgischen Imperiums bietet sich der Michaelerplatz an. Ein kurzer Blick noch auf die vor wenigen Jahren freigelegten Römischen Ruinen und das gewaltige Michaelertor, ein längerer auf das **Looshaus** – jenes dreidimensionale Manifest zugunsten einer geradlinigen und ornamentlosen Architektur, für das Adolf Loos noch vor der Vollendung (1911) heftige Kritik erntete. Dann eröffnet sich nach wenigen Metern in der Reitschulgasse der Blick in den von Laubengängen gesäumten Hof der **Stallburg,** eines der raren stilistisch reinen Renaissancebauwerke Wiens.

JOSEFSPLATZ E3

Ein paar Schritte weiter und man steht am Josefsplatz, der mit einem makellosen und harmonischen barocken Ensemble aufwartet. Auch hinter den strahlend weißen Fassaden ist manches zu entdecken: Das schmucklose Tor an der Südostseite des Platzes gehört zur **Augustinerkirche,** in der nicht nur die Herzen der verstorbenen Habsburger aufbewahrt werden, sondern auch ihre Hochzeiten stattfanden. Das pyramidenförmige Grabmal entwarf der italienische Klassizist Antonio Canova für Erzherzogin Marie Christine. Klassische Kirchenmusik wird sonn- und feiertags zum Hochamt dargeboten › mehr S. 17 Punkt 31

Die Längsfront des Platzes bildet der Prunksaal der **Nationalbiblio-**

thek (Eingang rechts vom Kirchenportal). Er wurde von Johann Bernhard Fischer von Erlach geplant und 1735 von dessen Sohn Joseph Emanuel vollendet; vielen gilt er als schönster Bibliotheksraum der Welt (Di–So 10–18, Do bis 21 Uhr, 8 €; www.onb.ac.at).

An der Nordwestseite des Josefsplatzes befindet sich der Eingang zur **Winterreitschule,** in der die legendären Lipizzaner ihre hohe Kunst demonstrieren. Im Rahmen eines Wien-Besuchs gilt auch der Besuch der berühmten Spanischen Hofreitschule gemeinhin als unverzichtbar. Es gibt mehrere Möglichkeiten, das Ballett der Lipizzaner bei seinen Capriolen, Levaden und Courbetten zu beobachten. Für die regulären, 80- bis 100-minütigen Vorführungen (i. d. R. Sa/So um 11 bzw. Fr um 19 Uhr) empfiehlt es sich, Eintrittskarten bereits Monate im Voraus bei der Spanischen Hofreitschule zu bestellen (Michaelerplatz 1, Tel. 533 90 31, www.srs.at). Die sehr viel preiswerteren Tickets für die Morgenarbeit (Di–Fr 10–12 Uhr, 15 €) sind am selben Tag im Besucherzentrum erhältlich, in der Hauptsaison auch am Josefsplatz.

INFOS

zu allen, saisonal stark variierenden, Terminen von Vorführungen und geführten Rundgängen, zu Tickets sowie weitere Kurzinfos findet man im **Jahresprogramm**, das auch zum Download auf der Website der Hofreitschule bereitgestellt ist unter www.srs.at/tickets-veranstaltungen.

Der Durchgang in der Ecke vis-à-vis führt dann zur ursprünglich gotischen **Burgkapelle.**

ALTE HOFBURG 8 E3

Zurück auf dem Michaelerplatz geht es unter der Kuppel des Michaelertraktes hindurch in den Inneren

Der barocke Prunksaal der Nationalbibliothek

Burghof und dort nach rechts in die **Kaiserappartements,** die zugänglichen Arbeitsräume und Privatgemächer Franz Josephs und Elisabeths. Während der Kaiser eine schlichte Einrichtung bevorzugte, bewohnte seine Frau prächtig geschmückte Räume mit Möbeln im Louis-XIV.-Stil. Der Persönlichkeit der Kaiserin widmet sich das **Sisi-Museum** in den ersten sechs Räumen der Kaiserappartements. Derselbe Eingang, das Kaisertor, führt auch in die **Silberkammer,** deren Exponate eine Vorstellung vom Repräsentationsbedürfnis des Kaiserhauses geben (beide Sept.–Juni tgl. 9–17.30, Juli bis Aug. 9–18 Uhr, 13,90 €; www.hofburg-wien.at).

Vom Inneren Burghof geht man durch das wappenverzierte Renaissancetor in den Schweizerhof, den ältesten Teil des Komplexes – bereits 1279 erstmals urkundlich erwähnt. Hier befindet sich der Eingang zur **Kaiserlichen Schatzkammer,** einer unschätzbar wertvollen Sammlung weltlicher und sakraler Preziosen. Neben Reliquiaren, Ornaten und liturgischen Geräten enthält sie die Reichsinsignien des Heiligen Römischen Reiches Deutscher Nation (Prunkstück: die alte Reichskrone aus dem 10. Jh.) und des österreichischen Kaiserreichs sowie die Schätze der Burgunder und des Ordens vom Goldenen Vlies (Mi–Mo 9–17.30 Uhr, 12 €; www.khm.at).

NEUE HOFBURG 9 E3

Entstanden o. a. Trakte zwischen dem 13. und frühen 19. Jh., so wurde die Neue Burg erst 1871–1913 erbaut. In dem Halbbogen befinden sich das **Weltmuseum Wien** (ehem. Völkerkundemuseum) mit dem prächtigen Federkopfschmuck eines aztekischen Priesters als Highlight (Do–Di 10–18, Fr 10–21 Uhr, 12 €; www.weltmuseumwien.at), die **Hofjagd- und Rüstkammer,** die **Sammlung alter Musikinstrumen-**

Prächtige Insignien der Habsburgermonarchie in der Schatzkammer

te › mehr S. 16 Punkt 27 und das **Ephesosmuseum** mit wertvollen Funden aus der seit 1895 von österreichischen Archäologen geleiteten Grabungsstätte in Kleinasien (alle drei Museen Mi–So 10–18 Uhr; www.khm.at).

Zu wenig Zeit? Dann genießen Sie doch wenigstens das Panorama vom Haupteingang der Neuen Burg. Es reicht über den Heldenplatz, die Silhouetten von Rathaus, Burgtheater und Parlament bis zum Kahlen- und Leopoldsberg. Entlang dem blassgrün getünchten Leopoldinischen Trakt der Burg, in dem seit der Ausrufung der Republik Österreichs Bundespräsident mit seiner Kanzlei logiert, führt der Weg in den **Volksgarten.** Ein Bummel durch die grüne Oase empfiehlt sich nicht nur wegen des um 1822 erbauten Theseustempels, sondern auch wegen des prächtigen Rosengartens.

BURGTHEATER 10 E3

Willkommen in der traditionsreichsten Sprechbühne des deutschen Sprachraums! »Die Burg«, wie die Wiener den Bau respektvoll titulieren, entstand als einer der letzten großen Ringstraßenbauten in den Jahren 1874–1888 unter der Regie von Karl Hasenauer und Gottfried Semper. Das Innere ist, wie es sich für ein ehemaliges Kaiserliches Hoftheater gehört, in Logen, hierarchisch abgestufte Ränge und eine Guckkastenbühne gegliedert. Treppenhäuser und Pausenräume sind reich mit Fresken (u.a. von Gustav Klimt) und Büsten dekoriert. Das Burgtheater war stets nicht nur eine Sprechbühne, sondern ein beinahe geheiligter Ort, an dem wahre Glaubenskriege um die Kunst ausgefochten wurden. Denn das Publikum pflegt am Aufgebot an Starinterpreten häufig mehr interessiert zu sein als am Inhalt des Stücks. Spektakuläre Inszenierungen gab es seit eh und je: unter dem langjährigen Direktor Claus Peymann wie auch unter seinen Nachfolgern Klaus Bachler, dem 2014 entlassenen Matthias Hartmann sowie dessen Nachfolgerin Karin Bergmann. Bei jeder Shakespeare- oder Bernhard-Aufführung werden die Theaterkassen gestürmt (Füh-

SÄNGERKNABEN LIVE

Von Mitte September bis Ende Juni singen die Wiener Sängerknaben jeweils sonn- und feiertags um 9.15 Uhr die Messe in der Hofburgkapelle. Karten für die begehrten Sitzplätze sollte man mindestens acht Wochen im Voraus bei der Hofmusikkapelle bestellen, unter Tel. 347 80 80 oder www.wienersaengerknaben.at. Restkarten gibt es jeweils an der Tageskasse (Mo–Fr 11–13, 15–17, So ab 8.15 Uhr), Stehplätze sind kostenlos (geöffnet ab 8.30 Uhr). Infos und Karten für Konzerte im »Haus für Musik und Theater« (MuTh), dem 2012 eröffneten Konzertsaal der Sängerknaben in der Oberen Augartenstr. 1e, sind erhältlich unter Tel. 347 80 80 bzw. www.muth.at.

GRATIS ENTDECKEN

- Im Rahmen des sommerlichen **Musikfilmfestivals** (Eintritt frei › rechts) kann man am Rathausplatz sonntags beim **Jazz-Frühschoppen** zu Jazz und Dixieland – live und gratis – die Hüften schwingen (Juli–Aug. So 12 bis 14.30 Uhr; www.viennajazz.org).
- Für Konditionstiger: Auf dem 120 km langen **Rundumadum-Weg** kann man – auch in Etappen – die naturnahe Stadtperipherie in 360° umwandern (www.natuerlichwien.at/rundumadum).
- Die City aus ungewohnter Perspektive erlebt man als Teilnehmer beim **Friday Night Skating,** in der warmen Jahreszeit, jeweils am Freitag spätabends. Die Route vom Ring quer durch die Stadt wird kurzfristig festgelegt (Treffpunkt: Heldenplatz kurz vor 21 Uhr, www.nightskating.at).
- Spannend nicht nur für Kinder und Technik-Fans: Gratis-Führungen im **Kraftwerk Freudenau** am unteren Ende der Donauinsel (Febr.–Nov. So und Fei 14 Uhr; Treffpunkt: im Stromhaus am Praterspitz, Tel. 050 31 35 02 21).
- Geführte Gratis-Touren durch die der **Donauauen** – per pedes oder Rad – führen durch die urwüchsige Naturlandschaften, Multimediaschau im Nationalparkhaus inklusive (Infos unter www.donauauen.at bzw. www.nph-lobau.wien.at).

rungen tgl. 15 Uhr, Start Kartenhalle; Tel. 514 44 4140, www.burgtheater.at, Kartenvorverkauf › S. 42).

Gleich hinter dem Burgtheater befindet sich das barocke, aufwendig renovierte **Stadtpalais Liechtenstein** › S. 79.

RATHAUSPLATZ 11 D/E3

Vis-à-vis dem Burgtheater erhebt sich das **Neue Rathaus,** der zwischen 1872 und 1883 erbaute neogotische Sitz der Stadtregierung. Sein sehenswertes Inneres – der Arkadenhof, die Feststiege und der kolossale Festsaal – kann im Rahmen von Führungen besichtigt werden (Mo, Mi, Fr 13 Uhr außer an Sitzungs- und Feiertagen, Start bei der Stadtinformation im Rathaus).

Auf dem Platz zu Füßen der reich gegliederten Hauptfassade flimmern an schönen Sommerabenden herausragende Produktionen aus Klassik, Oper, Jazz und Pop auf der Großleinwand › mehr S. 12 Punkt 2 (Juli–Aug., Eintritt frei; www.filmfestival-rathausplatz.at).

Den **Rathauspark** beiderseits des Rathausplatzes zieren zahlreiche Denkmäler, u. a. für die Melodienkaiser Josef Lanner und Johann Strauß Vater, den Maler Ferdinand G. Waldmüller oder die Grafen Niklas Salm und Ernst Rüdiger Starhemberg, die Wien bei den Türkenbelagerungen tapfer verteidigten.

Wie eine Reverenz an die Ideale der Architektur und wohl auch die Staatskunde der Hellenen wirkt das **Parlament** an der Südseite des Rathausplatzes. 1873–1883 nach Plänen von Theophil Hansen erbaut,

Das antik anmutende österreichische Parlament aus dem 19. Jahrhundert

bot es in den letzten Jahrzehnten der Monarchie beiden Kammern des damaligen Reichstags eine Heimat. Heute tagen hier der National- und der Bundesrat. Der Bau mit seiner streng gegliederten Front, seinem Portikus und der edel geschwungenen Rampe ist ein Paradebeispiel für den Historismus und das gelungenste Werk der Ringstraßenzeit. Allerdings ist das Parlamentsgebäude in die Jahre gekommen. Deshalb laufen zwischen 2017 und voraussichtlich 2020 Sanierungsarbeiten, der Parlamentsbetrieb ist für diese Zeit in und um die Hofburg ausgelagert (aktuelle Infos unter www.parlament.gv.at).

NORDWESTLICHER RING D/E1/2

Etwas stiefmütterlich wird im Rahmen der gängigen Sightseeing-Programme der westliche Abschnitt der Ringstraße behandelt, dabei finden sich auch hier stattliche Bauten des monumentalen Historismus, der die gesamte Prachtallee prägt. Der wuchtige Block der **Universität** wurde 1873–1884 nach einem Entwurf von Heinrich Freiherr von Ferstel im Stil der italienischen Renaissance erbaut. Die Alma Mater Rudolphina, von Erzherzog Rudolf IV., dem Stifter, gegründet und nach ihm benannt, blickt bis ins Jahr 1365 zurück. Damit ist sie heute die älteste Hochschule im deutschen Sprachraum und nach Prag und Krakau die drittälteste Mitteleuropas (U-Bahn Schottentor; Führungen Do 18, Sa 10.30 Uhr, Audioguide beim Portier › mehr S. 13 Punkt 9, http://event.univie.ac.at).

Bekannter Student und Dozent der Universität Wien war Sigmund Freud. Leben und Werk des Begründers der Psychoanalyse dokumentiert das **Sigmund-Freud-Museum** in den originalen Wohn-

und Praxisräumen (tgl. 9–18 Uhr; 9., Berggasse 19, Straßenbahnlinie D, www.freud-museum.at).

Unmittelbar angrenzend an den Sigmund-Freud-Park der Universität reckt die **Votivkirche** 12 D2 ihre 99 m hohen Zwillingstürme empor. Das Gotteshaus mit dem Äußeren einer französischen Kathedrale des 13. Jhs. entstand auf Initiative Erzherzog Maximilians, des späteren Kaisers von Mexiko. Im Jahr 1853 war dessen Bruder, Kaiser Franz Joseph, glücklich einem Attentat entronnen. Eine aus Spendengeldern finanzierte Dank- und Sühnekirche sollte daran erinnern.

Noch bevor es am 24. April 1879 anlässlich der Silberhochzeit des Kaiserpaares zur Einweihung des neogotischen Riesenbaus kam, wurde am Schottenring 16 ein weiteres Monument der Ringstraßenarchitektur eröffnet, die **Börse.** Das antikisch anmutende Gebäude mit seiner augenfälligen ziegelroten Fassade ist ein Werk des dänischen Architekten Theophil Hansen. Sein Innenbereich wurde 1956 nach einem Brand von Erich Boltenstern (1896–1991) umgestaltet. Der Wiener Architek zeichnet sich auch für das letzte, eher atypische Gebäude an der Ringstraße verantwortlich, den **Ringturm** an der Ecke zum Franz-Josefs-Kai. Das 1955 fertiggestellte Hochhaus mit 23 Stockwerken galt den Wienern in der Nachkriegszeit als stolzes Symbol für ihre Modernität.

PALAIS LIECHTENSTEIN

Wo einst eine der einflussreichsten Adelsfamilien der Donaumonarchie residierte, kann man heute im **Gartenpalais Liechtenstein** eine der größten und bedeutendsten privaten Kunstsammlungen der Welt

DIE RINGSTRASSE

Der Verlauf der Ringstraße folgt in etwa jener Linie, entlang der die Wiener nach der bösen Erfahrung der ersten Türkenbelagerung (1529) einen massiven Befestigungsring angelegt hatten. Mitte des 19. Jhs. boten solche Trutzbauten keinen Schutz mehr vor den modernen Waffen, gefährdeten aber stattdessen als potenzielle Barrikade die innere Sicherheit. Der junge Kaiser Franz Joseph lernte aus dem Revolutionsjahr 1848, das seinen Onkel Ferdinand I. den Thron gekostet hatte, und ordnete die Schleifung der Basteien an. Zugleich ließ er mehrere Kasernen unweit der Hofburg errichten, um bei Aufständen seine Truppen schnell bei der Hand zu haben. Ein großer Teil des gewonnenen Grund und Bodens stand jedoch dem Adel und auch dem Bürgertum als Spielfeld für ihre repräsentativen Bauvorhaben zur Verfügung. Wenngleich man heute als Fußgänger auf der Ringstraße von Autos, Straßenbahnen und Radfahrern bedrängt wird, ist sie mit ihrer Länge von rund 4 km, ihrer Breite von durchschnittlich 57 m, ihren Linden- und Platanenalleen nach wie vor der Inbegriff eines imperialen Prachtboulevards.

Das Naturhistorische Museum, davor der Tritonen- und Najadenbrunnen

bestaunen: die Sammlung des Fürsten Hans Adam II. von und zu Liechtenstein. Das Palais bildet in Kombination mit dem Garten den grandiosen Rahmen für eine barocke Erlebniswelt aus Malerei, Skulptur, Kunstkammerobjekten und Möbeln. Im Zentrum stehen Meisterwerke von der Frührenaissance bis zur österreichischen Romantik (9., Fürstengasse 1, Straßenbahn Linie D).

Ebenfalls sehr sehenswert ist das 2013 nach umfassender Restaurierung eröffnete **Stadtpalais Liechtenstein** 13 E3 derselben Familie mit seinem grandiosen Neorokoko-Interieur (Bankgasse 9; hinter dem Burgtheater).

INFOS

Garten- und Stadtpalais können nur im Rahmen von öffentlichen Führungen an bestimmten Freitagen besichtigt werden, nach Voranmeldung unter Tel. 319 57 67-153 oder www.palaisliechtenstein.com; Kombiticket erhältlich (42 €).

KUNST- UND NATURHISTORISCHES MUSEUM 14 E4

Die Museumszwillinge am Maria-Theresien-Platz wurden von Karl Hasenauer (Innenarchitektur) und Gottfried Semper (Fassaden) in Anlehnung an die italienische Renaissance entworfen und besitzen herausragende Sammlungen:

Das **Kunsthistorische Museum** 6 enthält unzählige Kostbarkeiten, die das Haus Habsburg über die Jahrhunderte zusammengetragen hat. Hauptanziehungspunkt ist die Gemäldegalerie im ersten Stock. Als weltweit viertgrößte Sammlung ihrer Art bietet sie einen Querschnitt durch die Geschichte der europäischen Malerei. Vertreten sind unter anderem Rubens, Rembrandt, Brueghel d. Ä., van Eyck, Dürer, Raffael, Tizian, Veronese und Bosch. Eine Weltsensation ist auch die 2013 nach langjährigem Umbau wieder eröffnete Kunstkammer, eine Augenweide das prächtig dekorierte Treppenhaus (Di–So, Juni bis Aug. tgl. 10–18, ganzj. Do 10–21 Uhr, 14 €; www.khm.at).

Das gegenüberliegende **Naturhistorische Museum** ist kein so starker Besuchermagnet. Zu Unrecht, denn es präsentiert eine der bedeutendsten Sammlungen Europas. Zu ihren Schätzen zählt die kleine Kalksteinfigur der »Venus von Willendorf«, mit 20 000 Jahren der zweitälteste Fund menschlicher Kultur in Österreich, die vor mehr als 200 Jahren ausgestorbene Stellersche Seekuh und vieles mehr (Do–Mo 9–18.30, Mi 9–21 Uhr, 10 €; www.nhm-wien.ac.at).

MUSEUMS QUARTIER 15 ★ 7 D/E3/4

Überquert man den Museumsplatz, steht man vor einer der jüngsten Attraktion Wiens: Einige hochkarätige Museen siedelten aus ihren alten beengten Räumen ins neue MuseumsQuartier (MQ, Museumsplatz 1) über. Fast 20 Jahre lang wurde um das Kulturzentrum in den barocken ehemaligen Hofstallungen gestritten. Doch dann gelang ein Kompromiss, der die alten Trakte revitalisiert und mit kühnen Neubauten vereint. Die interessanten Entwürfe lieferten das Architektenduo Ortner & Ortner sowie Manfred Wehdorn. Heute sind die Innenhöfe des MuseumsQuartiers auch ein beliebter Treff für Jung und Alt > mehr S. 12 Punkt 4

Zu den bedeutendsten Sammlungen gehört das **Museum Moderner Kunst Stiftung Ludwig (MuMoK).** Es besitzt wichtige Werke fast aller Stilrichtungen von Malerei, Bildhauerei, Film- und Fotokunst etc. des 20. und 21. Jhs. (Mo 14–19, Di–So 10–19, Do 10–21 Uhr, 12 €; www.mumok.at).

Das **Leopold Museum** besitzt die weltweit größte und bedeutendste Sammlung an Gemälden von Egon Schiele, aber auch Werke von Gustav Klimt, Alfred Kubin und Oskar Kokoschka. Hinzu kommen Möbel

Das Leopold Museum im MuseumsQuartier besitzt die weltgrößte Egon-Schiele-Sammlung

und Tafelgeschirr, entworfen von Otto Wagner, Adolf Loos und Josef Hoffmann (tgl. außer Di 10–18, Do 10–21 Uhr, 13 €; www.leopoldmuseum.org).

Die **Kunsthalle Wien** zeigt nach ihrer jüngst erfolgten Generalsanierung wieder themenspezifische hochrangige Ausstellungen internationaler zeitgenössischer Kunst (12 €; www.kunsthallewien.at).

Vielseitigen Kulturgenuss versprechen im MQ weiterhin das **quartier 21** mit diversen Kulturinitiativen, die Galerie **Komische Künste** › mehr S. 17 Punkt 36, ein **Kindermuseum** und **-theater,** das **Architekturzentrum** oder das **Tanzquartier Wien** – um nur einige Beispiele zu nennen.

INFOS

zu allen Kulturinstitutionen im **MQ** findet man unter www.mqw.at.

ZWISCHENSTOPP: RESTAURANTS

Café-Restaurant Halle 5 €€ D4

Die schicke Gastronomie in der ehemaligen Winterreithalle ist bekannt für ihre hervorragende traditionell-moderne Küche.

- Tgl. 10–2 Uhr

Corbaci 6 €€ D3

Neben dem Architekturzentrum wird unter einem Gewölbe aus orientalischen Fliesen leichte österreichische Kost serviert. Im Sommer Gartenbetrieb.

- Tgl. 11–24 Uhr

MQ daily 7 € D4

Preiswerte Mittagsteller, Snacks, Kuchen und Frühstücke. Mit großem Gastgarten.

- Do–Sa 9–1, Mo–Mi, So/Fei 9–24 Uhr

SPITTELBERG 16 D4

Das Gassenlabyrinth des in den späten 1970er-Jahren mustergültig revitalisierten und zur Fußgängerzone erklärten Viertels Spittelberg bietet einen authentischen Eindruck, wie die Wiener Vorstadt im Biedermeier aussah. Interessante Kunsthandwerksläden und malerische Hinterhöfe laden zum Stöbern und Flanieren ein, man findet Natur- und Feinkostgeschäfte, wie etwa **Schokov** (Siebensterngasse 20, www.schokov.com) mit »extraordinär-edlen« Schokoladenkreationen › S. 40. Cafés und Beisln mit regionaltypischer Hausmannskost und gemütlichen »Schanigärten« sorgen für den kulinarischen Ausklang.

TOUR 2

MITTELALTERLICHES WIEN

VERLAUF: Stephansdom › Museum für angewandte Kunst › Ruprechtskirche › Hoher Markt › Judenplatz › Freyung › Palais Ferstel

KARTE: Seite 68
DAUER: mindestens 4 Std. inklusive Stephansdom, aber ohne Museumsbesuche
PRAKTISCHE HINWEISE:

- Der Ausgangspunkt Stephansplatz ist per U-Bahn (Linien U1, U3) aus allen Himmelsrichtungen einfach erreichbar.

- Wer auf dem recht langen Fußweg ermüdet, kann zwischendurch auf einen der kleinen City-Busse umsteigen: Linie 1 A verkehrt entlang der Ost-West-Achse zwischen Stuben- und Schottentor, 2 A zwischen Stephans- und Schwedenplatz (ab Heldenplatz).

TOUR-START: STEPHANSDOM 17 8 F3

Ein Wunderwerk der Steinmetzkunst aus 20 000 m³ Sandstein, 108 m lang und 39 m hoch, die Spitze des Südturms erreicht gar 137 m – gleich am Anfang des Rundgangs steht der Höhepunkt der Wiener Gotik und das geliebte Wahrzeichen der Stadt. Die Baugeschichte des »Steffl« beginnt im frühen 12. Jh., als man für die Babenberger Markgrafen eine romanische Basilika schuf. Doch das dem hl. Stephan geweihte Haus fiel zwei Bränden zum Opfer. An seiner statt errichtete man um 1260 über demselben Grundriss eine neue, ebenfalls romanische Pfarrkirche. Ihre Reste, das Riesentor und die zwei Heidentürme, bilden bis heute die Westfassade des Doms.

Schon eine Generation später wurde im Auftrag von Herzog Albrecht II. der gotische Neubau in Angriff genommen. Nacheinander entstanden der Hallenchor, das Langhaus und der Südturm. Als jedoch Anfang des 16. Jhs. den Wienern ein Angriff der Türken drohte, steckten sie ihr Geld statt in den Dom lieber in Befestigungsanlagen und stellten den Bau des Nordturms ein. Erst 1579 erhielt er seinen heutigen Helm im Renaissancestil.

Jahrhundertelang blieb der Turm unversehrt. Verheerende Schäden erlitt er erst im April 1945, als er während der letzten Kriegskämpfe in Brand geriet. Den raschen Wiederaufbau des Doms empfanden die Menschen in ganz Österreich – nach Austrofaschismus und Hitler-Diktatur – als Symbol für die Verbundenheit mit dem geistigen Erbe des Landes.

05

Zur Rechten des Domhauptportals erinnert das Kürzel »05« an traurige Zeiten: Es diente den Widerstandskämpfern während der siebenjährigen Ära des nationalsozialistischen Terrors (1938–1945) als Geheimcode: »0« plus der fünfte Buchstabe im Alphabet, das »E«, ergibt »Ö« für Österreich, das ja nach dem Zwangsanschluss an das Deutsche Reich Ostmark genannt wurde.

INFOS

- Öffnungszeiten Mo–Sa 6–22, So/Fei 7–22 Uhr
- Details zu Gottesdienstzeiten, Domführungen, Konzerten etc. findet man unter www.stephanskirche.at.
- Der Eintritt in den Dom ist frei, für Katakomben, Südturm, Nordturm und Domschatz gibt es auch ein Kombiticket, Audioguide inkl. (Erwachsene 9,90 €, Kinder bis 14 Jahre 4,90 €).

Der Stephansdom gehört zum UNESCO-Weltkulturerbe Wiener Altstadt

AUSSENRUNDGANG

Den Rundgang entlang der Außenfassade beginnt man am besten zu Füßen der Heidentürme. Zur Linken des spätromanischen Portals kann man noch die im Mauerwerk verankerten sogenannten »Wiener Maße« sehen, einen Brotlaib und ein Längenmaß aus Eisen, mit deren Hilfe früher wohl mancher betrügerische Geschäftsmann entlarvt wurde, der es mit dem Messen nicht so genau nahm. Umwandert man den Stephansdom im Uhrzeigersinn, kommt man zuerst am **Bischofstor** vorbei, durch das in vergangenen Tagen nur die weiblichen Besucher das Innere betraten. (Den Männern war das Singertor an der Südseite vorbehalten.) Unmittelbar daneben steht die **Dombauhütte,** in der mehr als ein Dutzend ganzjährig beschäftigte Restauratoren ihre Büros und Werkstätten haben.

Es folgt der **Nordturm,** dessen knapp 60 Meter hohe Aussichtsplattform vom Dominnern bequem per Lift erreichbar ist (Sept.–Juni 8.15–16.30, Juli/Aug. bis 18 Uhr). Die Sorge, dass die berühmte »Pummerin« dort oben mit ihrem Geläut das Trommelfell erschüttert, ist übrigens unbegründet. Die über 20 Tonnen schwere Glocke erklingt nur zu festlichen Anlässen, etwa zum Jahreswechsel.

An der Nordostecke ragt die sogenannte **Kapistrankanzel** aus der Fassade. Von ihr appellierte 1451 der italienische Franziskaner Johannes Capistranus leidenschaftlich an die Wiener, in den Kreuzzug gegen die Osmanen zu ziehen.

Wer über die nötige Kondition verfügen, sollte die 343 Stufen zur **Türmerstube** emporsteigen, denn von dort oben schaut man nicht nur der Innenstadt »ins Dekolleté«, man bekommt auch einen Eindruck von der Feinheit der Ziselierarbeiten an der Fassade (tgl. 9–17.30 Uhr).

INNENRAUM

Noch mehr Attraktionen als an seinem Äußeren hält der Dom unter dem hohen Netzrippengewölbe seines Innenraums bereit. Nahe dem Haupteingang in das dreischiffige Langhaus steht die berühmte spätgotische **Kanzel** (um 1514). Sie zeigt außer den Büsten von vier wenig schmeichelhaft gezeichneten Kirchenfürsten an ihrem Sockel auch das vom Volksmund »Fenstergucker« genannte Selbstporträt des Dombaumeisters Anton Pilgram.

Weitere Höhepunkte der Ausstattung sind in der Mitte der Nordwand der ebenfalls von Meister Pilgram geschaffene **Orgelfuß** – wieder mit einem Porträt –, der mit Heiligengestalten übersäte **Wiener Neustädter Altar** in der linken sowie das filigran verzierte marmorne **Hochgrab Friedrichs III.** in der rechten Seitenkapelle. Mehr als alle Details und Einzelkunstwerke verzaubert aber die einmalige Aura und Atmosphäre des Gebäudes.

Unter dem Nordturm führt eine Treppe in die **Katakomben** hinab. Hier unten liegen nicht nur die Skelette Tausender Wiener, die im Zuge der Auflösung des St. Stephans-Friedhofs exhumiert wurden, sondern auch die Urnen mit den Eingeweiden der in der Kapuzinergruft › S. 67 bestatteten Habsburger (Führungen Mo–Sa 10–11.30, 13.30 bis 16.30 Uhr, So, Fei nur nachmittags, jeweils halb- oder viertelstündlich).

STEPHANSPLATZ 18 F3

Das **Dommuseum** im Erzbischöflichen Palais (Eingang im Hof des Hauses Stephansplatz Nr. 6) birgt eine einzigartige Sammlung und bietet anhand zahlloser Plastiken, Tafelbilder, Reliquiare und liturgischer Geräte einen sehr guten Überblick über die Sakralkunst ab dem Mittelalter. Das Bildnis Herzog Rudolfs IV. (1339–65), des Stifters, gilt als das erste nördlich der Alpen gemalte Porträt (Mi–Sa 10–18, Do 10–20 Uhr, Mo/Di/Fei geschl., 8 €; www.dommuseum.at).

Im selben Gebäudekomplex hat der Hersteller der weltbekannten Neapolitaner-Schnitten einen Flagship-Store eröffnet: den **Manner-Shop.** Wie wär's also nach all den Besichtigungen mit einer Portion der leckersüßen, rosarot verpackten Nougatwaffeln › mehr S. 17 Punkt 38 (Mo–So 10–21 Uhr; Stephanspl. 7/ Ecke Rotenturmstr.).

Der »Steffl« spiegelt sich in der ultramodernen Glasfassade des **Haas-Hauses.** Der Gastro- und Konsumtempel wurde Ende der 1980er-Jahre von Hans Hollein im seinerzeit aktuellen Stil der Postmoderne entworfen. Im 7. bzw. 6. Stock bieten das Restaurant und die Onyx Café-Bar einen unvergleichlichen Panoramablick.

Noch eine lohnende Station für Kunstbeflissene ist die **Schatzkammer des Deutschen Ordens.** Zu sehen gibt es Ordensinsignien, Tafelgerät, Gläser, Kelche, Waffen und als Kuriosität eine »Natternzungen-Kredenz« zum Unschädlichmachen vergifteter Speisen (Di, Do, Sa 10 bis

12, Mi, Fr 15–17 Uhr, Mo, Fei geschl.; www.deutscher-orden.at).

MOZARTHAUS 19 F3

Berühmtester Gast des Deutschen Ordens war Wolfgang Amadeus Mozart, als er noch Angestellter des Hausherrn, des Erzbischofs von Salzburg, war. Gleich um die Ecke, in der Domgasse 5, steht das Mozarthaus, in dem das Genie zwischen 1784 und 1787 seine glücklichsten Wiener Jahre verlebte. Die für damalige Verhältnisse großzügig dimensionierte Wohnung birgt sehenswerte Möbel und Accessoires, aber auch Bilder und Dokumente des späten 18. Jhs. (mit Café im Erdgeschoss; tgl. 10–19 Uhr, 11 €; www.mozarthausvienna.at).

ZWISCHENSTOPP: RESTAURANTS

Figlmüller 8 €€ F3

Hier gibt's nach landläufiger Meinung die größten und besten – goldbraun panierten – Schnitzel der Stadt > **mehr S. 14 Punkt 13** Nicht nur deshalb empfiehlt sich der populäre Miniatur-Heurige als ideale Adresse für die Mittagspause.

- 1. | Wollzeile 5 | Tel. 512 61 77
  www.figlmueller.at
  Tgl. 11–22.30 Uhr

Café Diglas 9 €€ F3

Ein Kaffeehaus wie aus dem Bilderbuch mit roten Plüschlogen und Marmortischchen. Die umfangreiche Tageskarte bietet qualitäts- und gesundheitsbewusste Spezialitäten, als Dessert ausgezeichnete hausgemachte Kuchen und Torten.

- 1. | Wollzeile 10 | Tel. 512 57 65
  www.diglas.at
  Mo–Sa 8–22.30, So 9–22 Uhr

DIE BELIEBTESTEN BARS

- Das Ambiente ist von urbanem Schick, das Getränkesortiment 1A. Was die **Onyx Bar** aber über alle ähnlichen Lokale erhebt, ist ihre spektakuläre Lage im 6. Stock des Haas-Hauses > **S. 84**: Man blickt durch die Panoramascheiben direkt auf die Fassade des Stephansdoms.
  DO & CO Hotel Vienna
  1. | Stephansplatz 12
  www.doco.com
  Tgl. 11–2 Uhr
- Die **Skybar** – auch Café-Restaurant – im 8. Stock des Kaufhauses Steffl offeriert ihren illustren Gästen neben feinen Cocktails und guter Musik – im Sommer sogar von der Terrasse – einen Traumblick über die Innenstadt.
  Steffl Department Store
  1. | Kärntner Str. 19
  www.skybox.at
  Mo–Fr 10–2, Sa ab 9.30, So ab 11 Uhr
- Ein Pilgerort für alle Jugendstil-Liebhaber: Das exquisite Design der kleinen, aber feinen **Loosbar** gestaltete anno 1908 der Namenspatron Adolf Loos höchstselbst. > **S. 43**
- Lust auf einen relaxten Drink in italienischer Atmosphäre? Der Barmann in **Dino's American Bar** kredenzt rare Bourbon-Sorten und über 250 Cocktails – 250 m südlich vom Stephansdom. > **S. 43**

JESUITENKIRCHE 20 F3 UND AKADEMIE DER WISSENSCHAFTEN

Welch verschlungenem Weg man auch immer folgt, er sollte einen zur ehemalige Universitätskirche alias **Jesuitenkirche** auf dem Dr.-Ignaz-Seipel-Platz führen – sowohl wegen ihrer frühbarocken Fassade als auch wegen der spektakulären, im Jahr 1705 von Andrea del Pozzo geschaffenen illusionistischen Deckenmalereien › mehr S. 15 Punkt 23

Schräg gegenüber steht die **Akademie der Wissenschaften.** Sie gilt wegen der reichen Marmor- und Stuckdekorationen sowie der Deckenfresken in ihrem Festsaal als wichtigster im Stil des Rokoko ausgestalteter Monumentalbau Wiens.

MUSEUM FÜR ANGEWANDTE KUNST 21 G3

Ein Abstecher aus dem mittelalterlichen Winkelwerk hinaus auf den östlichsten Abschnitt der Ringstraße, den Stubenring, endet bei Juwelen jüngerer Kunstgeschichte:

Das Museum für angewandte Kunst war bei seiner Eröffnung 1871 der Pionier unter den Kunstgewerbemuseen Kontinentaleuropas und hatte größten Einfluss auf das ästhetische Bewusstsein und die industrielle Entwicklung in der gesamten österreichisch-ungarischen Monarchie. Seine Sammlung von angewandter Kunst, Design, Architektur und Gegenwartskunst umfasst die Bereiche Glas, Keramik, Metall, Möbel (v.a. der Wiener Werkstätte), Porzellan, Textilien, Orientteppiche und Ostasiatika und wird durch hochkarätige Sonderausstellungen ergänzt. Der rötliche Ziegelbau mit seinem glasgedeckten Innenhof stammt von Heinrich Ferstel (mit MAK Design Shop › mehr S. 17 Punkt 34 Mi–So 10–18, Di 10–22 Uhr, 12 €, Di ab 18 Uhr Eintritt nur 5 €; www.mak.at).

POSTSPARKASSENAMT 22 ★ G3

Das kolossale Geschäftsgebäude auf dem Georg-Coch-Platz ist ein Hauptwerk des Architekten Otto Wagner › S. 54. Seine großzügigen Raumlösungen – allen voran der Kassensaal, für den er auch das Mobiliar entwarf – waren zur Entstehungszeit (1904–12) ebenso wegweisend wie die Verwendung neuer Materialien, etwa die Glasbausteine oder die Aluminiumbolzen, mit denen die Marmorplatten innen und außen vernietet scheinen.

Der große Kassensaal ist zu Öffnungszeiten der Bank frei zugänglich, im kleinen präsentiert das **Wagner: Werk Museum** Informatives zu Wagner und zur Jugendstil-Ära sowie Sonderausstellungen (Mo–Fr 10–17.30 Uhr).

ZWISCHENSTOPP: RESTAURANT

Griechenbeisl 10 €€ F3

Wienerisch speisen kann man auf dem Weg zurück ins Mittelalter im ältesten Restaurant der Stadt (um 1490 eröffnet), auf dessen Gewölbe sich von Mozart und Beethoven bis Einstein prominente Gäste aller Art verewigt haben.

- 1. | Fleischmarkt 11 | Tel. 533 19 77
  www.griechenbeisl.at
  Tgl. 11–1 Uhr

SYNAGOGE 23 F2

Der heutige Stadttempel der Israelitischen Kultusgemeinde in der Seitenstettengasse stammt aus dem Biedermeier. Dass er als einzige der vormals 24 Wiener Synagogen in der Reichskristallnacht von den brandschatzenden Nazihorden verschont blieb, ist indirekt Kaiser Joseph II. zu verdanken. Dieser hatte im Jahre 1781 in seinem berühmten Toleranzpatent zwar allen nicht katholischen Konfessionen das Recht auf freie Religionsausübung gewährt, jedoch verboten, dass ihre Gebetshäuser von außen als solche erkennbar waren. Folglich wurde die Synagoge zur Straße hin mit einem ganz gewöhnlichen Profanbau kaschiert und in einen engen Hinterhof gepfercht.

Josef Kornhäusel, ihr Erbauer und Wiens einziger klassizistischer Architekt von Rang, hätte es wohl kaum träumen lassen, dass sein Werk einmal inmitten eines lärmenden Restaurant- und Beislviertels stehen und von schwer bewaffneten Antiterrorpolizisten bewacht werden würde (Besichtigung nur mit Führung Mo–Do 11.30 und 14 Uhr; www.ikg-wien.at).

RUPRECHTSKIRCHE 24 F2

Apropos Mittelalter: Im Stadtkern trifft man auf das älteste bestehende Gotteshaus Wiens. Der schlichte kleine Bau steht auf einer Anhöhe über dem Donaukanal, von der bereits im Mittelalter eine Stiege hinab zur Anlegestelle für die Salzschiffe führte. Gegründet worden sein soll die Ruprechtskirche bereits um 740. Nach der Zerstörung des Römerkastells bildete es das Zentrum der Reststadt. Tatsächlich hat man festgestellt, dass die Fundamente aus antikem römischem Baumaterial bestehen. Glanzstücke im kargen Inneren sind die farb-

Otto Wagners Postsparkassenamt ist eine Ikone des Jugendstils

intensiven Glasmalereien aus dem 13. Jh. – die ältesten der Stadt – und eine »Schwarze Madonna«, von der die Wiener einst zu Zeiten von Seuchen und Türkeneinfällen göttliche Hilfe erflehten (Mo–Fr 10–12, Mo, Mi, Fr auch 15–17 Uhr; www.ruprechtskirche.at).

Dass die Gegend rund um die Ruprechtskirche auch zu einem Zentrum des jüdischen Lebens wurde, geht auf Ferdinand II. zurück. Der in religiösen Fragen ansonsten nicht gerade als liberal geltende Regent gestattete den Juden 1622, hier ihre Bethäuser zu errichten. Jenseits des Donaukanals, im »Unteren Werd« (heutiger Bezirk Leopoldstadt), durften sie sich seit dem Jahr 1620 ansiedeln.

HOHER MARKT 25 F2/3

Die schmale, von mehreren teils recht schrägen Modeboutiquen gesäumte Judengasse endet am ältesten Platz Wiens, dem Hohen Markt. Hier, wo im Mittelalter Narrenkotter (Verlies), Pranger und die Schranne, das städtische Gerichtsgebäude, standen, kann man heute der Stadtgeschichte im wahrsten Sinne des Wortes auf den Grund gehen. Denn unter dem Pflaster des Hohen Marktes förderten Archäologen Ruinen des Römerlagers Vindobona zu Tage, unter anderem die Fundamente jenes Gouverneurspalastes, in dem Kaiser Mark Aurel längere Zeit wohnte. Das **Römermuseum** erreicht man über Haus Nr. 3. Einen Schwerpunkt der Aus-

MITTELALTERLICHES AMBIENTE

In dem etwa von Fleischmarkt, Post-, Riemer- und Himmelpfortgasse sowie Kärntner und Rotenturmstraße umgrenzten Viertel sollte man sich die Zeit nehmen und ein Weilchen herumwandern, um die spezielle Atmosphäre auf sich wirken zu lassen. Pferdefuhrwerke rumpelten hier einst mit Getöse über das Kopfsteinpflaster, Wäschermädel in bauschigen Röcken sahen verstohlen feschen Offizieren in glitzernden Uniformen nach, »Haderlumpweiber« (Hausiererinnen) und »Beindelstierer« (Knochensammler) gingen ihren Geschäften nach, und in schummrigen Winkeln und Passagen warteten leichte Mädchen auf Kavaliere, die selten welche waren.

Bis zu einem gewissen Grad hat dieses mittelalterliche Stadtherz sein altes Flair in den 1970er- und 1980er- Jahren zurückerhalten, als die historische Bausubstanz sehr sorgfältig in Stand gesetzt wurde. Schritt für Schritt renovierte man meterdicke Mauern, verschnörkelte Fassaden und kleine, verschwiegene Innenhöfe mit ihren Durchhäusern, die die Verbindung des Viertels zur Außenwelt herstellten. Auch die »Pawlatschen«, lange, begehbare Holzbalkone, blieben erhalten. Plötzlich zogen wieder Geschäfte und Lokale ein, und neues Leben regte sich in den im Nu begehrten Wohnungen. Besonders malerische Flecken sind die Blutgasse, der Franziskanerplatz und der in seinem Kern aus dem 12. Jh. stammende **Heiligenkreuzer Hof** F3.

stellung bilden die Garnisonsbauten sowie das Alltagsleben der Legionäre und Bevölkerung. Zudem gibt es instruktive Spielstationen für Kinder und Videoguides (Di–So, Fei 9–18 Uhr; www.wienmuseum.at).

Die **Ankeruhr** in der Ostecke des Hohen Markts zeigt die Zeit bereits seit 1911 an. Der Jugendstilmaler Franz von Matsch schuf sie einst als Dekoration für den Schwebebogen, der den einstigen Sitz der Anker-Versicherungsgesellschaft mit dem Nachbarhaus verbindet. Was die als 10 m lange Brücke konstruierte Uhr zu einer Touristenattraktion ersten Ranges macht, ist eine kuriose Figurenparade. Täglich um Punkt zwölf Uhr erscheinen hintereinander zwölf überlebensgroße, aus Kupfer getriebene Persönlichkeiten der Stadtgeschichte, von Mark Aurel bis Josef Haydn. Jeder Auftritt ist von einem für die Epoche typischen Musikstück begleitet.

Lust auf ein Eis? Dann nichts wie ab in die **Tuchlauben** (Nr. 15): In dem dortigen gleichnamigen Eissalon gibt es das vielleicht beste italienische Eis Wiens – leider nur von März bis Oktober.

In der Wipplingerstraße stehen sich zwei der prächtigsten Wiener Barockbauten gegenüber: die von Johann Bernhard Fischer von Erlach erbaute ehemalige **Böhmische Hofkanzlei** und das **Alte Rathaus,** in dem von 1316 bis 1885 der Wiener Stadtrat tagte. Heute hat hier das Bezirksmuseum Innere Stadt und das Dokumentationsarchiv des Österreichischen Widerstands seinen Sitz.

Schlag 12 Uhr Mittag ertönt die Ankeruhr, zwölf Kupferfiguren paradieren dazu

MARIA AM GESTADE 26 F2

Die kostbare, zu Unrecht eher wenig beachtete Kirche (Salvatorgasse 12) gilt als eine der ältesten Wiens, ist bereits in Annalen aus dem 12. Jh. erwähnt. Doch seine heutige gotische Gestalt erhielt der an der Längsachse merkwürdig geknickte Bau erst im späten 14. Jh. Anfang des 19. Jhs. war das Gotteshaus in desolatem Zustand; die französischen Besatzer hatten es als Lager und Pferdestall genutzt. Nur knapp entging es mitsamt seinem prächtigen siebeneckigen Turmhelm dem Abriss – weil sich die Kosten als zu hoch erwiesen hatten.

JUDENPLATZ 27 F2

Auf dem ruhigen Judenplatz betritt man noch einmal schicksalsträchtigen Boden. Hier befanden sich im Mittelalter Hauptsynagoge, Badestube, das Spital, die wichtigste Talmudschule und das Haus des Rabbi. Vis-à-vis dem **Lessing-Denkmal** steht das von der bekannten britischen Künstlerin Rachel Whiteread entworfene **Holocaust-Denkmal,** das in Form einer steinernen Bibliothek an die 65 000 österreichischen Juden erinnert, die während der Zeit des Nationalsozialismus ermordet wurden. Gegenüber hat man vor wenigen Jahren drei **Schauräume** zum mittelalterlichen Judentum samt Resten einer Synagoge eröffnet (So–Do 10–18, Fr 10–14 Uhr).

AM HOF 28 E2

Der angrenzende Platz überrascht durch seine Weite. Ein solcher Freiraum inmitten des winkeligen Labyrinths? Betrachtet man seine Vergangenheit, wird vieles klar: Noch im 11. Jh. war dieses Terrain völlig unbebaut. Etwa 1155 ließ sich der Babenberger Heinrich II. Jasomirgott hier rund um einen »Hof« seinen Herrschersitz erbauen. Als Kaiser Friedrich Barbarossa zehn Jahre später auf seinem Weg ins Heilige Land in Wien pausierte, war dies erstmals Anlass für glanzvolle Feste. Bald war die Residenz »Am Hof« ein Zentrum höfisch-ritterlicher Kultur, in dem u. a. die Minnesänger Reinmar von Hagenau und Walther von der Vogelweide vor ihr hochadeliges Publikum traten. Ende des 13. Jhs. verlegten die Babenberger ihren Herrschersitz in die neue Burg, die heutige Hofburg.

Sein feudales Flair hat der Hof bewahrt. Dazu tragen das **Märkleinsche Haus,** ein Werk Johann Lukas von Hildebrandts, das **Palais Collalto** und v. a. die **Kirche Zu den neun Chören der Engel** bei. Ursprünglich den Karmelitern unterstellt und gotisch, wurde sie im Besitz der Jesuiten barockisiert. Auf ihrem Balkonvorbau besiegelte Kaiser Franz II. 1806 das Ende des Heiligen Römischen Reiches, als er unter dem Druck Napoleons die römisch-deutsche Kaiserkrone niederlegte.

Das rechts angrenzende Luxushotel Park Hyatt ist das Flaggschiff des sogenannten **Goldenen Quartiers,** Wiens 2014 eröffneter Luxus-Shoppingzone, die sich ostwärts bis zur Tuchlauben erstreckt (www.goldenesquartier.at).

FREYUNG 29 E2

Die Vergangenheit des nächsten Platzes hingegen, der Freyung, lässt an Würde einiges zu wünschen übrig. Die leere dreieckige Fläche wurde im Verlauf der Geschichte immer wieder als Müllplatz missbraucht. Lange Zeit diente sie Gauklern und Spielleuten als Bühne, auf der häufig auch ein Schnellgalgen für Verräter errichtet wurde. Die umliegenden Bauten allerdings lassen das Herz jedes kunsthistorisch Interessierten höher schlagen: Da ist das von Lukas von Hildebrandt entworfene **Palais Kinsky** (Haus Nr. 4), daneben das **Palais Harrach** (Nr. 3), gegenüber das **Schubladkastenhaus,** so genannt wegen seiner Ähnlichkeit mit einem Möbelstück, und der 1846 nach Entwürfen des Münchners Ludwig Schwanthaler gefertigte **Austria-Brunnen.** Seine Bronzefiguren symbolisieren Elbe, Donau, Weichsel und Po, die damaligen Hauptflüsse des Habsburgerreiches, sowie die Austria, für die angeblich Alma von Goethe, die Enkelin des großen Dichters, als 17-Jährige Modell stand.

Die nördliche Begrenzung der Freyung bildet das **Schottenstift.** 1155 von Heinrich II. Jasomirgott gegründet, erhielt es seine heutige Gestalt im 19. Jh. Das Museum im 1. Stock zeigt neben Gemälden, Möbeln und liturgischen Geräten auch eine Dokumentation der Stiftsgeschichte › mehr S. 15 Punkt 22. Im 21. Jh. wurde es um mehrere Ausstellungsräume im Kellergewölbe erweitert (Di–Sa 11–17 Uhr, Stiftsführungen Sa 14.30 Uhr, 8 €; www.schottenstift.at). Die gleichnamige **Pfarrkirche** vereint im Tode zahlreiche Größen der österreichischen Geschichte; die bedeutendsten unter ihnen sind die Grafen Windischgraetz, Khevenhüller und Starhemberg sowie der Babenberger Herzog Heinrich II. Jasomirgott. Mit Schotten haben Stift und Kirche übrigens nichts zu tun: Die Mönche, die der fromme Babenberger nach Wien rief, kamen aus Irland, das im Mittelalter »Scotia maior« hieß.

Gleich um die Ecke der Freyung, im Palais Mollard, präsentiert das **Globenmuseum** der Nationalbibliothek eine Sammlung von rund 250 Erd- und Himmelsgloben und ähnlichen Instrumenten; das **Esperantomuseum** im Palais bringt die

Die Quadraturmalerei im Palais Kinsky lässt den Raum größer erscheinen

Kunstsprache näher. Beide sind hochinteressante und in ihrer Art einzigartige Sammlungen (Di–So 10–18, Do 10–21 Uhr; Herrengasse 9, www.onb.ac.at).

PALAIS FERSTEL 30 E2/3

Der mächtige Gebäudekomplex (Nr. 2) mutet dank seiner Arkaden und Loggien fast venezianisch an. Er diente nach seiner Erbauung durch Heinrich Ferstel (1856–1860) als Nationalbank und Börse. In seiner Einkaufspassage kann man noch ein wenig bummeln, es sei denn, man sehnt sich gleich nach einer Pause und Stärkung. Diese wartet in der Südostecke des Palais, im legendären Literatentreff **Café Central** › S. 37. An den Marmortischchen des mit säulengestützten Bogengewölben versehenen Kaffeehauses schlürften schon Geistesgrößen wie Egon Erwin Kisch und Karl Kraus, Bert Brecht, Leo Trotzki und Sigmund Freud ihre Melange und planten dabei diverse Revolutionen, sei es der Kunst, der Psychologie oder der Gesellschaftssysteme (Mo–Sa 7.30–22, So, Fei 10–22 Uhr; Eingang Ecke Strauch-/Herrengasse, www.palaisevents.at).

Das Palais Ferstel versprüht venezianischen Flair

DAS TRENDIGE DREIECK

Volles Haus abends im Krah Krah – im legendären Bermudadreieck

Über 30 Nachkriegsjahre lang lag der erste Bezirk im Dornröschenschlaf – grau, freudlos und nach Büroschluss menschenleer. Dann, Ende der 1970er-Jahre, gründeten einige clevere Wirte in den düsteren mittelalterlichen Gässchen rund um die Ruprechtskirche eine Handvoll neuer *Beisln*. Sie hatten die steigende Nachfrage der neuen Freizeitgesellschaft nach Treffs mit gutem Essen und Trinken in geselliger, einzigartiger Atmosphäre erkannt.

»Krah-Krah«, »Roter Engel«, »Kaktus Bar« und »Salzamt« – so hießen die (bis heute florierenden) Pionierlokale zwischen Rabensteig, Juden- und Seitenstettengasse. Ihr Konzept war: Man betraute namhafte Architekten mit der Innengestaltung – für das sachlich-kühle »Salzamt« etwa Hermann Czech, für die Liederbar »Roter Engel« das renommierte Duo Coop Himmelb(l)au – und kombinierte auf der Speisekarte Großmutters Hausrezepte mit der in Mode gekommenen Nouvelle Cuisine. Im Nu gaben sich Medien- und Werbeleute die Klinke in die Hand, Prominente und Bohemiens folgten, und in deren Schatten die »Adabeis«. Sie tauften das *Krätzel* (Gebiet) mit seinen beliebten In-Treffs publicityträchtig **Bermudadreieck** F2 – wohl weil so manche Nachtschwärmer darin spurlos verschwanden und sich nach ihrem Auftauchen an nichts erinnerten.

Mittlerweile hat das Beisl-Wunder auch das Bild verändert, das das Ausland von Wien hat. Aus der gähnend langweiligen Hauptstadt der Tristesse wurde eine quicklebendige Metropole. Die Szene hat sich über die ganze Innenstadt und darüber hinaus ausgebreitet, wie etwa auf den Spittelberg (7), ins Freihausviertel (4.), in die Gegend Schlossgasse und Margaretenstraße (5.) oder in die Florianigasse (8.). Und einst stille Winkel sind nun selbst zu später Stunde rar.

WIENTAL

Die Wiener Secession

Das Tal der Wien bildet schon seit dem 19. Jh. eine kulturelle Hauptachse der Stadt. Zu den zahlreichen Museen gesellen sich architektonische Meilensteine sowie die prachtvollen Schlösser Belvedere und Schönbrunn.

Der Wienfluss, mit dem die Donaumetropole ihren Namen teilt, erweist sich als ein erstaunlich bescheidenes Gewässer. Doch sein Tal bildet schon seit dem 19. Jh. eine kulturelle Hauptachse der Stadt. Insbesondere den Unterlauf, der über die gesamte Strecke von mehr als 2 km überbaut ist, säumt ein Spalier hochkarätiger Musentempel, vom Theater an der Wien über Künstlerhaus und Musikverein bis zum Konzerthaus. Hinzu gesellen sich Meilensteine der Architekturgeschichte wie die Jugendstilikone Secession oder als Wahrzeichen des Hochbarocks die Karlskirche. Einen weiteren Glanzpunkt aus jener Zeit, als Kaiserhaus und Adel dem endgültigen Sieg über die Osmanen baulich Ausdruck verliehen, präsentiert sich etwas abseits des Wientals mit Prinz Eugens über alle Maßen prachtvollem Schloss Belvedere. Auf Tuchfühlung mit der ungemein facettenreichen Vergangenheit der Stadt lässt sich im Historischen Museum am Karlsplatz gehen.

Zuvor schon läuft einem beim Flanieren zwischen den Obst-, Gemüse- und Delikatessenständen des Naschmarkts das Wasser im Munde zusammen. Und während man die dargereichten Leckereien verkostet, bekommt man beim Smalltalk mit den Händlern aus dem Wald- und Weinviertel, vom Balkan, aus Italien, Griechenland oder der Türkei eine sinnesreiche Idee von der kulturellen Vielfalt, die Wien seit alters her prägt.

Angesichts einer solchen Dichte an Attraktionen für alle Sinne darf der Ratschlag nicht verwundern, sich für diesen Rundgang wenigstens einen halben Tag zu reservieren – am besten den Nachmittag, denn so kann man nahtlos den Abend in einem der Lokale zubringen, von denen es in den angrenzenden »Grätzeln« (Wienerisch für Wohnviertel) geradezu wimmelt.

Ebenfalls mindestens einen halben Tag erfordert die Besichtigung jenes weltberühmten Schlosses, in dem die Kaiser und ihre Familien seit den Zeiten Maria Theresias den Sommer zubrachten: Wien zu besuchen und Schönbrunn nicht zu sehen wäre unverzeihlich. Zumal diese Sehenswürdigkeit von Weltrang – und sicher eine der schönsten Barockanlagen Europas – per U-Bahn vom Stadtzentrum aus binnen weniger Minuten erreichbar ist. Neben den imperialen Schauräumen, die den Glanz der Donau-Monarchie eindrücklich widerspiegeln, wartet die ehemalige Residenz auch mit einem herrlichen Park samt großem Palmenhaus, einem zum Kaffeehaus umgebauten Aussichtspavillon und dem weltweit ältesten Tiergarten auf.

Karte S. 97

TOUREN DURCH DAS WIENTAL

TOUR 3

DURCH DAS UNTERE WIENTAL

VERLAUF: Café Sperl > Otto-Wagner-Häuser > Theater an der Wien > Naschmarkt > Karlsplatz und Karlskirche > Stadtpark > Schloss Belvedere > Arsenal

KARTE: Seite 97
DAUER: ein halber, mit Museumsbesuchen ein ganzer Tag
PRAKTISCHE HINWEISE:

- Die reine Gehzeit vom Startplatz, der U 4-Station Kettenbrückengasse, bis zum Endpunkt am Arsenal beträgt nur rund 1 Std. Doch die zahlreichen kulinarischen Verlockungen entlang des Weges und die hochkarätigen Museen. erfordern ein Mehrfaches an Zeit.
- Den Rundgang sollte man mit entsprechendem Appetit starten. Denn ob tagsüber rund um den Naschmarkt oder abends in einem Szenelokal an der Wienzeile: Die Gründe, unterwegs einzukehren, sind mannigfach.

TOUR-START:
CAFÉ SPERL 1 E4

Gibt es eine angenehmere Art einen Spaziergang zu beginnen, als bei Kipferl und Melange in einem Café wie etwa dem Sperl? Hier, in der Gumpendorfer Straße 11, wo sich ein bunt gemischtes Publikum aus Journalisten, Touristen und Pensionisten versammelt, erlebt man die Institution des Wiener Kaffeehauses noch in Reinkultur: die Kuchenvitrine mit Sachertorte und Apfelstrudel gefüllt, die Bridgekarten bereitgelegt, Billardtische und Berge in- und ausländischer Zeitungen. Und die Ober, angetan mit schwarzer Frackweste, Fliege und Hüfttasche für das pralle Portemonnaie, servieren dem Stammgast das Gewünschte, ohne danach gefragt zu haben. So gut kennen sie ihn. Eine Geschichte hat das Sperl natürlich auch: Die Künstler der Secession gingen hier vor 1900 täglich ein und aus (Mo–Sa 7–22, So/Fei außer Juli/Aug. 10–20 Uhr; www.cafesperl.at).

OTTO-WAGNER-HÄUSER 2 D4/5

Irgendwann steigen Sie dann durch eine der Gassen in das Tal der Wien hinab. Noch vor gut 100 Jahren befanden sich an den Steilufern des unberechenbaren Flüsschens vereinzelt Mühlen und Ziegelgruben. Gab es Hochwasser, kam es immer wieder zu Überschwemmungen. Erst Ende des 19. Jhs. zähmte man das Gewässer, indem man ihm ein steinernes Bett schuf und es auf einer Länge von 2 km überwölbte.

Parallel dazu entstand unter der Leitung von Otto Wagner › S. 54, einem der wegweisenden Architekten Wiens, die Stadtbahn, deren Trasse noch heute der U-Bahnlinie 4 folgt. Einige der insgesamt 30 in den Jugendstilfarben Weiß, Grün und Gold gehaltenen Stationsgebäude werden Ihnen im Verlauf des Weges auffallen.

Gleich neben der Station »Kettenbrückengasse« stehen zwei wunderschöne Wohnhäuser als weitere Zeugnisse von Wagners Talent für spektakuläre Ornamentik: Die Fassade des **Majolikahauses** (Linke Wienzeile 40) ist über und über mit Blumenmustern gefliest; das weiß-gold-grüne **Wienzeilenhaus Nr. 38** nebenan zieren glänzende Medaillons, Palmblätter und Girlanden, entworfen vom Jugendstil-Designer Kolo Moser. Beide Häuser wurden 1898/1899 erbaut.

An der Wienzeile wird jeden Samstag ab 6 Uhr Wiens großer **Flohmarkt** abgehalten, der ein un-

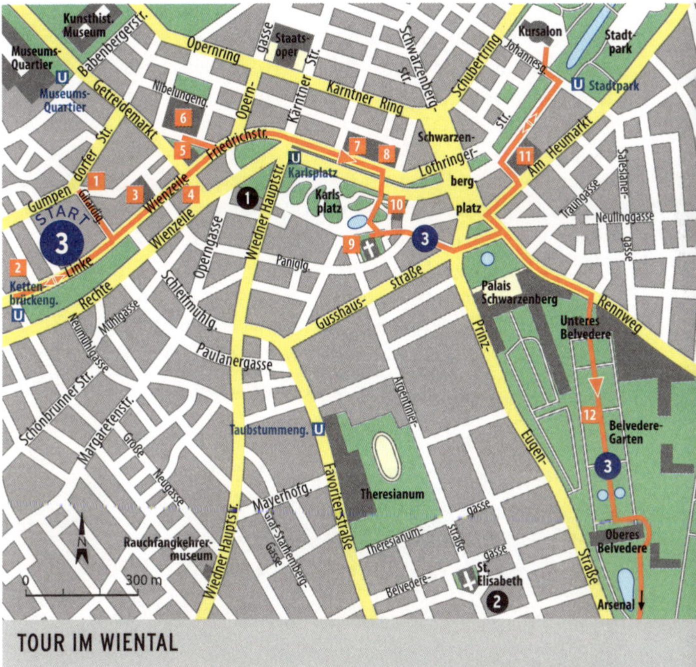

TOUR IM WIENTAL

TOUR 3

DURCH DAS UNTERE WIENTAL

1 Café Sperl
2 Otto-Wagner-Häuser
3 Theater an der Wien
4 Naschmarkt
5 Secession
6 Akademie der bildenden Künste
7 Künstlerhaus
8 Musikverein
9 Karlskirche
10 Wien Museum Karlsplatz
11 Konzerthaus und Stadtpark
12 Schloss und Park Belvedere

terhaltsames Tohuwabohu an Menschen und Waren bietet. Er gilt jedoch als ziemlich leergekauft und überteuert, die raren Schnäppchen finden allenfalls Frühaufsteher.

THEATER AN DER WIEN 3 E4

Bummelt man über diesen mitteleuropäischen Basar stadteinwärts, stößt man auf die älteste Bühne der Stadt. Schier endlos ist die Liste der Werke, die auf den Brettern des 1801 eröffneten Theaters an der Wien zur Uraufführung kamen: Beethovens »Fidelio« erklang hier zum ersten Mal, Stücke Kleists, Grillparzers, Nestroys und Raimunds hatten hier ihre Premiere, und Operetten von Suppé, Zeller, Fall und Kálmán. Emanuel Schikaneder, den ersten Direktor des Hauses und Textdichter der »Zauberflöte«, kann man über dem Papageno-Tor, einem klassizistischen Seitenportal an der Ostfassade, in Stein gehauen in seiner Paraderolle bewundern. Einige Jahre hatte sich das Theater als Musicalbühne profiliert; seit dem Mozartjahr 2006 dient es dauerhaft als zusätzliche, vornehmlich auf Werke des Barock und der klassischen Moderne spezialisierte Opernbühne › S. 42.

NASCHMARKT 4 9 E4

Neben dem Theater beginnt Wiens größter innerstädtischer Lebensmittelmarkt. Über 500 m lang, zieht er Passanten ab den frühen Morgenstunden in seinen Bann › mehr S. 12 Punkt 3 Das Warenangebot verblüfft durch eine umwerfende Vielfalt, v. a. seit immer mehr Händler aus aller Herren Länder Stände gepachtet haben und exotische Köstlichkeiten aus ihren Heimatkulturen anbieten. Ebenso abwechslungsreich ist die Auswahl an den Imbissbuden. In jüngerer Zeit ist hier eine regelrechte Gastro-Meile entstanden, an der Köche aus der Region Wien, dem Balkan, Italien,

Stände und Gastronomie am Naschmarkt bieten eine Riesenauswahl an Köstlichkeiten

Griechenland, der Türkei, dem Iran, China, Japan und anderen Ländern um Kunden buhlen (Mo–Sa 6 bis 19.30 Uhr, Gastronomie bis 23 Uhr; www.wienernaschmarkt.eu).

Das südöstlich angrenzende **Freihausviertel** zwischen Naschmarkt und Wiedner Hauptstraße, um die Schleifmühlgasse im 4. Bezirk, hat such zu einem Magneten für Nachtschwärmer gemausert. Hier stand noch im 18. Jh. auch ein bekanntes Theater, auf dessen Bühne sogar Mozarts Zauberflöte uraufgeführt wurde. Heute finden sich Lokale für jeden Geschmack, aber auch zahlreiche interessante Modeboutiquen und Kunstgalerien.

SECESSION 5 E4

Ein nicht nur äußerlich sehr gegensätzliches Gebäude erhebt sich, wo der Naschmarkt in den Karlsplatz mündet: ein weiß getünchter, quadratischer Pavillon, den goldene Friese und Medusenhäupter schmücken und eine Kuppel aus 3000 vergoldeten eisernen Lorbeerblättern krönt.

Die Rede ist von der Secession > S. 53: Ende des 19. Jhs. hatte sich unter diesem Namen (lateinisch *secessio* = Trennung, Spaltung) – wie in anderen europäischen Metropolen auch – in Wien eine Gruppe junger Kunstmaler, Architekten und Dekorateure zusammengefunden, die sich von den akademisch-konservativen und häufig offiziellen Künstlervereinigungen distanzierte. Als radikale Antwort auf die historistische Architektur der Ringstraße entwickelten sie eine schlichte, geometrische, von floralen Ornamen-

WIENS SCHÖNSTE MÄRKTE

- Unbestrittener Platzhirsch: der Bauch von Wien alias **Naschmarkt** E4: Balkan-Atmosphäre mit hohem Unterhaltungs- und Geschmacksfaktor. > S. 40, 98
- Orientalischer zeigt sich die Stadt nirgendwo: Ein Bummel über den Ottakringer **Brunnenmarkt** B2 vermittelt authentisches Basar-Feeling. > mehr S. 17 Punkt 39 Im Anschluss lockt die Gastro-Szene am benachbarten Yppenplatz.
  16. | Brunnengasse/Yppengasse
  U6 Thaliastr./Josefstädter Str.
  Mo–Fr 6–19.30, Sa 6–18, Gastronomie Mo–Sa 6–23 Uhr
- Jeden Samstag ab 6 Uhr früh schlagen Trödler an der U4-Station Kettenbrückengasse auf Wiens größtem **Flohmarkt** D5 ihre Stände auf. > S. 97
- Schatztruhe im Herzen der Stadt: Am Hof lädt wöchentlich der **Kunst- und Antikmarkt** E2/3 zum herzhaften Stöbern ein.
  1. | Am Hof
  www.kunst-antikmarkt.at
  März–Nov. Fr u. Sa 10–18 Uhr
- Geheimtipp: Alljährlich zwischen Spätherbst und Mitte Januar findet jeweils an sechs Tagen die Woche ein **Supermarkt für Gegenwartskunst** statt. Im Angebot: ausschließlich preisgünstige Originalwerke. Der Standort ist variabel, aktuelle Informationen findet man unter www.kunstsupermarkt.at

ten geprägte Formensprache: den Jugendstil. Herausragende Persönlichkeiten der Wiener Secessionsbewegung waren der Architekt Otto Wagner und der Maler Gustav Klimt. Zu den Mitgliedern und Geistesverwandten zählten zudem Kolo Moser, Josef Hoffmann, Carl Moll, Rudolf von Alt sowie Joseph Maria Olbrich. Letzterer entwarf 1897/98 quasi als dreidimensionales Manifest ihrer Prinzipien den Ausstellungsbau am Ende des Naschmarkts. Der seinerzeit als handfeste Provokation gemeinte und verstandene Wahlspruch der Avantgardisten prangt in Goldlettern über dem Eingangsportal: »Der Zeit ihre Kunst. Der Kunst ihre Freiheit«. Im Inneren der Secession befinden sich große Teile eines Schlüsselwerks der frühen Moderne: Gustav Klimts **Beethovenfries** (Di–So, Fei 10–18 Uhr, Führungen Sa 15, So 11 Uhr und nach Vereinb.; Tel. 587 53 07 10, www.secession.at).

Zeit zum Rasten: Ein Kulturdenkmal ersten Ranges ist das **Café Museum:** 1899 von Adolf Loos gestaltet, zeugt es mit seinen kahlen, weißen Wänden, den Bugholzsesseln und Marmortischchen noch heute von jenem Prinzip der betonten Schlichtheit, dem sein Schöpfer so ausdrücklich verbunden war. »Café Nihilismus« hieß denn auch sein Werk bei spitzzüngigen Wienern. Doch das schmälerte seine bis heute ungebrochene Anziehungskraft nicht im Geringsten. Auch nach seiner umfangreichen Renovierung überwiegen im Publikum die Bohemiens (Ecke Friedrichstr./Operngasse, tgl. 8–24 Uhr; www.cafemuseum.at).

AKADEMIE DER BILDENDEN KÜNSTE 6 ★ E4

Geltung weit über die Grenzen Österreichs hinaus genießt die heute einzige Hochschule im deutschsprachigen Raum, der eine Galerie alter Meister angegliedert ist. Und was für eine! Von Hieronymus Bosch (sein Triptychon »Das jüngste Gericht« ist sicher das Glanzstück der Sammlung) und Baldung Grien über Cranach, Rubens, Tizian, Murillo und van Dyck bis zu Ruisdael und Rembrandt reicht der Blick auf 500 Jahre heimische, italienische und deutsche, vor allem aber holländische und flämische Malerei (Achtung: Im Zuge einer Generalsanierunge sind rund 80 % der Bestände bis vorauss. Ende 2020 ins Theatermuseum am Lobkowitzplatz ausgelagert und dort ausgestellt, Näheres: www.akademiegalerie.at; Mi–Mo 10–18 Uhr, 12 €).

Angesichts solcher Fülle sollte man freilich das Gebäude selbst nicht außer Acht lassen. Es wurde 1872–1876 von Theophil Hansen in den strengen Formen der italienischen Hochrenaissance entworfen. Seine Außenfront zieren schöne Fresken, seine Aula ebensolche Deckenbilder.

KARLSPLATZ E/F4

Wenige hundert Meter entfernt erstreckt sich der Karlsplatz. Die weitläufige, vom Verkehr umbrauste Fläche war für Stadtarchitekten leider schon immer ein Problemkind.

Ursprünglich von Gärten, Auenwäldern und Weihern bedeckt und nach den Türkenbelagerungen zu einem freien Schussfeld (Glacis) eingeebnet, war auf ihr im Laufe des 19. Jhs. ein Kranz von Gebäuden entstanden. U-Bahn-und Straßenbau zerschnitten den Platz in so viele Segmente, dass heute eine städtebaulich halbwegs befriedigende Lösung fast unmöglich erscheint.

Seitdem die Kunsthalle Wien, die in Form eines gelben, metallenen Riesencontainers zwischen Secession und Künstlerhaus einen scharfen Kontrast gesetzt hatte, ins MuseumsQuartier umgezogen ist › S. 80, organisieren deren Leiter in einem Glaskubus namens **project space** weiterhin kleinere Sonderausstellungen zeitgenössischer Kunst (tgl. 11–19, Do bis 21 Uhr; www.kunsthallewien.at).

ZWISCHENSTOPP: RESTAURANT

Heuer am Karlsplatz ❶ € E4

Beliebt bei Wiens Bohème ist das Restaurant-Bar am Glaskubus auch wegen des schönen Gartens; günstige Tagesgerichte und eingelegte Spezialitäten.

- 4. | Treitlstr. 2 | Tel. 890 05 90
  www.heuer-amkarlsplatz.com
  Mo–Fr 8–21, Sa 8–20, So 9–20 Uhr

KÜNSTLERHAUS 7 E/F4

Auf dem Karlsplatz steht der ideologische Gegenpol zur Secession › S. 99: das Künstlerhaus. In seinen Mauern logierte seit 1868 die »Genossenschaft der bildenden Künstler Wiens«, deren Mitglieder sich v. a. am Geschmack des Bürgertums und des kaiserlichen Hofes orientierten, allen voran Hans Makart.

Heute beherbergt das im Stil der Neorenaissance erbaute Gebäude in seinen zwei Flügeltrakten ein Kino

Akademie der bildenden Künste, in der Galerie Alter Meister

und ein Theater. Im Mittelteil finden Großausstellungen statt (wegen Generalsanierung bis ca. Sept. 2019 geschlossen; www.k-haus.at).

MUSIKVEREIN 8 F4

Auch das benachbarte Gebäude des Wiener Musikvereins, ein weiteres Werk Theophil Hansens, erregt bei Anhängern der Moderne eher Skepsis. Schon das terrakottarote antikisierende Äußere mit seinen Balustraden und Statuen zeugt nicht gerade von der Lust zur Reduktion. Bombastisch aber wirkt der **Goldene Saal** mit 16 vergoldeten Karyatiden, Kristalllüstern und einer gleißende Kassettendecke. Legendär ist allerdings die Akustik. Vor allem ihretwegen steht der Musikverein, wie das Gebäude gerne verkürzend genannt wird, seit seiner Eröffnung im Jahr 1869 im Zentrum des Konzertgeschehens › S. 42.

Er ist die Heimstatt der Wiener Philharmoniker, die meisten »Wiener Mozart Konzerte« › S. 60 finden hier statt. Die Walzerseligen kommen seit vielen Jahren im Goldenen Saal voll auf ihre Kosten. Das Neujahrskonzert erfreut via Fernsehen Millionen von Hörern. Neu sind vier hochmoderne kleine Säle im Souterrain (www.musikverein.at).

KARLSKIRCHE 9 ★ F4

Wiens bedeutendster Barockbau überragt majestätisch und von allem Hässlichen unbeeindruckt seine Umgebung. »Constantia et fortitudine«, »Durch Beharrlichkeit und Stärke«, lautete der Leitspruch Karls VI., ihres Bauherrn. Wer war besser geeignet, ihn architektonisch umzusetzen als die beiden kaiserlichen Leibbaumeister, Johann Bernhard Fischer von Erlach und dessen Sohn Joseph Emanuel? Hoch über dem damaligen Steilufer der Wien errichteten sie einen grandiosen Bau. Dessen patinagrüne Kuppel ist gewaltige 72 m hoch. Die Kombination von Architekturelementen aus verschiedenen Weltgegenden unterstreicht zusätzlich zur höheren Ehre Gottes den imperialen Machtanspruch: Die Mittelfront hat die Form eines griechischen Tempels, die beiden Seitenkapellen sind stilistisch der italienischen Renaissance entlehnt. Ihre Dächer hingegen gleichen chinesischen Pagoden. Und die Triumphsäulen haben ihre Vorbilder in Rom, erinnern aber zugleich an islamische Minarette.

Die Symbolik setzt sich in der Ausstattung fort. Die zwei Engelsfiguren an der Freitreppe stehen für das Alte und Neue Testament, die vier großen Plastiken über der Säulenhalle für die vier Tugenden Bußfertigkeit, Barmherzigkeit, Frömmigkeit und Glaube. In ihrer Mitte thront Karl Borromäus, jener Pestheilige, dem Karl VI. nach der großen Epidemie von 1713 einem Gelübde folgend dieses Gotteshaus errichten ließ. Szenen aus dem bewegten Leben des Kirchenpatrons zeigen die fein ziselierten Reliefs auf den beiden 33 m hohen Säulen. Im Innenraum fällt zu allererst das monumentale Deckenfresko von Johann Michael Rottmayr in der ovalen Kuppel auf. Ein besonderes Erlebnis (für Schwindelfreie) ist die

Fahrt mit dem Panoramalift über 30 m hinauf in die Kuppel (Mo–Sa 9–12.30, 13–18, So, Fei 12 bis 17.45 Uhr; www.karlskirche.at).

WIEN MUSEUM KARLSPLATZ 10 F4

In unmittelbarer Nachbarschaft barocker Opulenz liegt das Wien Museum Karlsplatz. Über sein mausgraues Äußeres sei der Mantel des Schweigens gebreitet. Das Haus entstand in der Nachkriegszeit – leider in einem Anfall heilloser Geschmacksverirrung. Sehr wohl von Interesse ist jedoch seine Schausammlung. Diese dokumentiert bestens die Stadtgeschichte von der Zeit der ersten Keltensiedlungen und des Legionslagers Vindobona › S. 88 über die Babenberger Herrschaft und die 640 Habsburger-Jahre bis in die Gegenwart hinein. Die zahllosen archäologischen Funde, Rüstungen, von den Türken erbeutete Stücke, Bauelemente des Stephansdoms, Gemälde, Möbel, Vertragsdokumente und Veduten sollten Ihnen nicht den Blick verstellen für die zwei original eingerichteten Gedenkräume für Franz Grillparzer und Adolf Loos sowie für ein hölzernes Stadtmodell, das ein sehr genaues Bild von der Topografie Wiens um 1900 vermittelt. In den Räumen des Erdgeschosses zeigt das Museum häufig sehr interessante Sonderausstellungen.

Stöbern Sie auch ein wenig im kleinen **Museumsshop.** Manchmal sind noch Restauflagen von hervorragenden Ausstellungskatalogen erhältlich (Di–So, Fei 10–18 Uhr,

Sonniges Flanieren an der Wienfluss-Promenade beim Stadtpark

10 €, an jedem 1. So im Monat Eintritt frei; www.wienmuseum.at).

KONZERTHAUS 11 F4 UND STADTPARK F/G3/4

An der Lothringerstraße passiert man das **Konzerthaus** › S. 43. Der Jugendstilbau aus den Jahren 1912/13 mit seinen drei Sälen bildet in gewisser Weise den Kontrapunkt zum Musikverein. Denn während Letzterer überwiegend klassische und romantische Musik aufführt, liegt der Programmschwerpunkt hier auf Kompositionen des 20. Jhs., Zeitgenössischem und auch Jazz und Weltmusik. Höhepunkte in der Programmvielfalt sind Festivals wie »Wien modern« mit zeitgenössi-

Vor blauem Himmel macht sich das weiße Schloss Belvedere besonders gut

scher Musik, im Herbst oder »Resonanzen«, ein Festival Alter Musik, im Januar (www.konzerthaus.at).

Ein schmuckes Jugendstilportal führt in den **Stadtpark.** Die 1862 eröffnete, heute vom Verkehr umflutete grüne Oase mit Pavillons, Freitreppen, großem Teich und einer Uferpromenade entlang dem Wienfluss ist nicht nur ein Ort der Muße für Anrainer, sondern auch ein Muss für Musikliebhaber. Entlang der Wege stehen Denkmäler für Franz Schubert, Anton Bruckner, Franz Lehár, Robert Stolz und Johann Strauß Sohn. Seine vergoldete Statue ist ein beliebtes Fotomotiv.

Zu Lebzeiten gab Strauß im benachbarten, 1867 eröffneten Café Kursalon populäre Walzerkonzerte, bei denen die Wiener Society das Tanzbein zu schwingen pflegte. Heute werden die eleganten Räumlichkeiten für Veranstaltungen vermietet.

SCHLOSS BELVEDERE 12 ★ F/G5

Schon 1693 hatte sich Prinz Eugen › S. 105 als junger Marschall vor den Toren der Stadt Land gekauft. Um die Wende zum 18. Jahrhundert ließ er darauf einen grandiosen Park mit kunstvollen Wasserspielen anlegen. Im Jahr 1714 erteilte er Lukas von Hildebrandt den Auftrag zum Bau des Unteren Belvedere und 1721 schließlich, als die Türkengefahr endgültig gebannt war, jenen zum Bau des Oberen.

Wozu er ein Gartenpalais in doppelter Ausführung benötigte? Das eine benützte er während der Sommermonate – er besaß noch ein Winterpalais in der Stadt – als Wohnstatt, das andere zum Repräsentieren. Entsprechend zahlreich und kostbar ausgestattet sind die Räumlichkeiten des Oberen Schlosses: Audienzsaal, Spiegelkabinett, Kunstgalerie, Konferenzsaal, Kaffeezimmer etc. – für festliche Veranstaltungen war ein würdiger Rahmen vonnöten. Auf einer Anhöhe gelegen, genießt man von hier einen herrlichen Blick über Wien.

Viel bescheidener geriet das Schloss am unteren Ende des 500 m langen Terrassengartens trotz geringerer Größe freilich auch nicht. Sein Inneres verfügt über einen freskenverzierten Marmorsaal, eine Prunkgalerie und einen mit Stuckaturen reich verzierten Spiegelsaal. Das **Untere Belvedere** und die **Orangerie** werden heute vorwiegend für temporäre Sonderausstellungen genutzt. Aber auch Freunde romanischer und gotischer Schnitzwerke und Altarbilder kommen hier auf ihre Kosten: Das **Schaudepot im Prunkstall,** ein Juwel der Barockarchitektur, in dem einst Prinz Eugens Leibpferde untergebracht waren, zeigt Highlights mittelalterlicher Kunst aus Österreich.

Das Gros dieser Sammlung freilich ist vor einiger Zeit ins Erdgeschoss des **Oberen Belvederes** übersiedelt worden. Dort sind nun auch Glanzstücke der hauseigenen Barocksammlung zu bewundern, darunter Werke des klassischen Genies Georg Raphael Donner und die berühmten »Charakterköpfe« von Franz Xaver Messerschmidt mit ihrer grotesk übersteigerten Mimik.

Hauptanziehungspunkt für ein breites Publikum ist aber im Oberen Belvedere ohne Zweifel die Galerie mit Gemälden des 19. und 20. Jhs. Vor allem die österreichische Kunst der Jahrhundertwende, die klassische Moderne und das Wiener Biedermeier sind in den lichten

PRINZ EUGEN

Der »edle Ritter«, wie das Volk den Türkenbezwinger dankbar nannte, war französischer Herkunft und sollte nach dem Wunsch der Eltern eine klerikale Laufbahn einschlagen. Da ihm der Sinn jedoch nach einer weltlichen Karriere im Kriegshandwerk stand, klopfte er bei Ludwig XIV. an, wurde aber wegen seiner Kleinwüchsigkeit abgewiesen. Darauf bot der erst 20-jährige Prinz Österreich seine Dienste an, bewährte sich anschließend bei der Türkenbelagerung vor Wien und stieg in der Folge schnell zum kommandierenden General der habsburgischen Truppen auf.

Aber nicht nur als Feldherr war Eugen außergewöhnlich erfolgreich. Generalgouverneur der österreichischen Niederlande, Ratgeber und Vertrauter dreier Kaiser sowie Vorsitzender der Geheimen Staatskonferenz – Prinz Eugen vereinte auf seiner Person enorme Macht und ungeheuren Reichtum.

Karte S. 97

Räumen repräsentativ vertreten, daneben mit einigen Gemälden auch der Impressionismus. Das berühmte Dreigestirn Gustav Klimt, Egon Schiele und Oskar Kokoschka zieht mit seinen so gegensätzlichen Werken viele Besucher an. Eine vergangene, nur auf den ersten Blick bessere Welt eröffnet das oberste Stockwerk, vor allem in den Landschaften, Genreszenen und anrührenden Kinderbildern Ferdinand Georg Waldmüllers.

INFOS

Alle Museen im **Unteren und Oberen Belvedere** sind tgl. 10–18 Uhr geöffnet, Unteres auch Fr 10–21 Uhr, Eintritt ab 15 €; www.belvedere.at.

Klimts »Kuss« begegnet man überall, dem Original in Belvederes Gemäldesammlung

ZWISCHENSTOPP: RESTAURANT

Café Goldegg ❷ € F5

Nach der geballten Ladung Kunst die richtige Adresse für eine kleine Erholungspause bei Kaffee und Kuchen oder für eine Stärkung mit einem Tagesgericht.

- 4. | Argentinierstr. 49
  Tel. 505 91 62 | www.cafegoldegg.at
  Mo–Fr 8–20, Sa 9–20, So 9–19 Uhr

ARSENAL G6

Gleich gegenüber dem neuen Hauptbahnhof erstreckt sich der Gebäudekomplex des Arsenals. Sein eher romantisch anmutender byzantinischer Stil täuscht etwas über seinen wahren Zweck hinweg. Es entstand Mitte des 19. Jhs., unmittelbar nach dem Volksaufstand 1848, zur Fabrikation und Lagerung von Kriegsgerät. Eines der einst 72 Einzelgebäude beherbergt das **Heeresgeschichtliche Museum.** Die hochinteressante Sammlung informiert über die Geschichte der österreichischen Armee vom frühen 17. Jh. bis zum Beginn des Zweiten Weltkriegs; hinzu kommen Wechselausstellungen (tgl. 9–17 Uhr, 6 €; 3., Ghegastr., Straßenbahn 18, D, O, www.hgm.at).

Wer sich für österreichische Kunst der Moderne und Gegenwart interessiert, sollte unbedingt einen Abstecher ins Museum **Belvedere 21** alias »21er-Haus« unternehmen. Unter diesem Namen wurde der Nachfolger des seinerzeit innovativen »20er-Hauses«von 1962 nach umfassendem Umbau 2012 wiedereröffnet (Mi–So 11–18, Mi/Fr bis 21 Uhr; 3., Schweizergarten, Arsenalstr. 1, www.belvedere21.at).

KÜNSTLERSUCHE

Um in Wien auf den Spuren großer Dichter und Komponisten zu wandeln, muss man auch die früheren Vorstädte ansteuern. **Franz Schuberts** Geburtshaus in Alsergrund etwa versetzt mit malerischem Innenhof und langen Balkonen *(Pawlatschen)* ins Biedermeier. Das Museum im 1. Stock zeigt u. a. Faksimiles von Kompositionsblättern sowie Schuberts Hammerklavier (9., Nussdorfer Str. 54, Di–So 10–13, 14–18 Uhr; www.wienmuseum.at).

Von **Ludwig van Beethovens** Sterbehaus zeugt nur eine Gedenktafel (9., Schwarzspanierstr. 15). Mehr über sein Leben und Wirken erfährt man im Pasqualatihaus, wo der Meister lange wohnte und Kompositionen wie die Oper »Fidelio« und sein Violinkonzert schuf (Di–So 10–13, 14–18 Uhr; 1., Mölker Bastei 8, www.wienmuseum.at), und v. a. im neuen Beethoven Museum › **S. 135** in Heiligenstadt.

In Josefstadt (8.) und Alsergrund (9.), lebte **Heimito von Doderer,** der große Romancier der ersten Hälfte des 20. Jhs. Im Gasthaus Zur Stadt Paris (8., Josefstädter Str. 4) hatte er seinen Stammtisch, wovon eine Vitrine mit Memorabilien zeugt. Ort höchster Weihe für seine Verehrer ist die zur Romanform gebrachte »Strudlhofstiege« (9., Verbindung Liechtensteinstr./Boltzmanngasse). Im Bezirksmuseum Alsergrund wurde nach von Doderers Tod 1965 ein Gedenkraum eingerichtet (Mi 9–13, 15–17, So 10–12 Uhr, Juli/Aug. geschl.; 9., Währinger Str. 43, www.alseum.at).

Das Wiener Mozarthaus in der Nähe des Stephansdoms

Nahe des Westbahnhofs, in Mariahilf (6.), ist **Joseph Haydn** aus der Welt geschieden. In seinem Wohnhaus in der Haydngasse 19 dokumentieren Bildnisse, Autografen, Instrumente und Notendrucke sein Leben und Werk (Di–So 10–13, 14–18 Uhr; www.wienmuseum.at).

Letzte Pflichtstation auf der Spurensuche ist das Mozarthaus › **S. 85** in der Domgasse 5, wo **Wolfgang Amadeus Mozart** seine glücklichste Zeit verbrachte.

TOUR 4

SCHÖNBRUNN UND DER WESTEN

VERLAUF: Schloss mit Schauräumen und Schlosstheater > Park mit Palmenhaus und Gloriette > Tiergarten > Technisches Museum > Werkbundsiedlung > Wotruba-Kirche

KARTE: Seite 110
DAUER: mindestens ein halber, besser ein ganzer Tag
PRAKTISCHE HINWEISE:

- Wer den Zauber der barocken Parkanlage ungestört genießen möchte, sollte möglichst früh aufstehen: Bereits ab 6 Uhr (Nov. bis Febr. ab 6.30 Uhr) sind die Tore geöffnet.
- Abends werden Schloss und Gloriette von gleißendem Scheinwerferlicht illuminiert – auch das ergibt eine schöne Stimmung.
- Wenn die Führung durch das Schloss auch nur maximal 50 Minuten in Anspruch nimmt: Um den Reiz der weitläufigen Anlage und den darin verstreuten vielen kleineren, aber charmanten Sehenswürdigkeiten auf sich wirken zu lassen, braucht es Zeit und Muße.
- Zu erreichen ist Schönbrunn von der Innenstadt aus bequem per U-Bahn (U 4 bis Station Schönbrunn oder Hietzing).
- Zum Technischen Museum geht es vom Westbahnhof (U 3/U 6) mit der Straßenbahn Linie 58 od. 52.
- Die Wotruba-Kirche erreicht man mit dem Bus 60A ab Endstation Straßenbahn 60 von Hietzing.

TOUR-START: SCHLOSS SCHÖNBRUNN 10 A6

Ein schöner, sonniger Morgen? Dann ist dies so ganz ein Tag für Wiens berühmteste Touristenattraktion: die ehemalige Sommerresidenz der Habsburger. Für Museen und Kunstgalerien tun es zur Not auch Regentage, Schönbrunn aber will bei strahlend blauem Himmel besucht werden, dann stellen sich Heiterkeit und Lebenslust ganz von selbst ein. Eine Hoffnung sollten Sie freilich zumindest in der Hochsaison, von April bis Oktober, erst gar nicht hegen: die Anlage für sich allein zu genießen. Schloss und Park Schönbrunn sind mit seinen bis zu 12 000 Tagesbesuchern Österreichs meistbesuchte Touristenziele. Die viel zu wenigen Parkplätze sind dann heillos überfüllt. Und auch für den Fußweg von der U-Bahnstation »Schönbrunn« durch das Meidlinger oder das Haupttor zum Schloss bräuchte es eigentlich keine Richtungsschilder, so eindeutig weist die Menschenmenge den Weg. Im Winter ist die Stimmung von besonderer Art, insbesondere natürlich beim Weihnachtsmarkt.

Steht man dann aber erst einmal in der Mitte des eindrucksvollen 24 000 m² großen Ehrenhofs – hin-

Schloss und Park Schönbrunn finden sich seit 1986 in der UNESCO-Weltkulturerbeliste

ter sich die zwei adlergekrönten Obelisken, die das Haupttor flankieren, vor sich die mächtige ockergelbe Fassade des Schlosses – empfindet man die Besuchermassen kaum mehr als störend, sondern vielmehr als Bestandteil eines barocken Spektakels.

SCHLOSSPARK

Bevor Sie sich nun in die langen Schlangen einreihen, um ein Ticket für die Innenbesichtigung zu ergattern, empfiehlt es sich, zuerst rechts am Hauptgebäude vorbei, durch den sogenannten Kammer- und Kronprinzengarten in den barocken Schlosspark zu wandern. Kunstvoll arrangierte Blumenbeete, geschniegelte Kieswege und schnurgerade Alleen, gesäumt von sorgfältig gestutzten Bäumen und Hecken; dazu Kunst- und Naturdenkmäler, wie etwa ein Heckenirrgarten, die vom barocken Geist ihrer Schöpfer ebenso viel erzählen wie die schönsten Prunkgemächer – es ist, als könnte die kaiserliche Kutsche jederzeit um die Ecke biegen.

Für Gehbehinderte und müde Gewordene empfehlenswert: die in der warmen Jahreszeit im halbstündigen Takt durch Schloss- und Tiergarten rollende **Panoramabahn.**

In der vom Schloss gesehen linken Hälfte des Gartenparterres findet man eine romantisch überwucherte **Römische Ruine,** ein **Taubenhaus,** einen **Kaskadenbrunnen** samt Obelisk, eine Meierei, in der Kaffee und Kuchen serviert werden, und jenen schönen **Brunnen,** der, einst von Kaiser Matthias entdeckt, der ganzen Anlage ihren Namen gab und dessen Wasser seit 1758 aus einer künstlich angelegten, mit einer Figur der Quellnymphe Egeria geschmückten Grotte sprudelt.

Im rechten Parkteil entdecken Sie außer den allgegenwärtigen Götter- und Heldenstatuen einen wunderschönen Rosengarten und einen Botanischen Garten, daneben das **Palmenhaus,** eine monumentale verglaste Gusseisenkonstruktion aus dem 19. Jahrhundert, in der eine reichhaltige exotischer Pflanzenwelt kultiviert wird, die auch Amphibien und Vögeln Lebensraum bietet. Im **Wüstenhaus** gegenüber, unter dem Glasdach des ehemaligen Sonnenuhrhauses, führt ein Erlebnispfad durch authentische Wüstenlandschaften mit entsprechender Flora und Fauna.

Das Wüstenhaus gehört zum nahen **Tiergarten** mit seinen ringförmig angeordneten Gehegen und dem Mittelpavillon, in dem Mitglieder des Herrscherhauses ihre Jause einzunehmen pflegten. 1752 eröffnet ist er der älteste Zoo der Welt. Dessen berühmteste Bewohnerin ist

das Große-Panda-Weibchen Yang Yang, das 2016 sogar Zwillinge zur Welt brachte. Diese haben jedoch Ende 2018 den Tiergarten Richtung China verlassen, der Panda-Vater ist inzwischen verstorben. Eine weitere Attraktion des Zoos ist die moderne Eisbärenanlage »Franz Josef Land« (www.zoovienna.at).

Am Rand des Tiergartens wurde der alte **Tirolerhof**, ein historischer Schaubauernhof im Tiroler Garten, wieder aufgebaut und dient nun auch als Jausenstation. Hier leben zahlreiche traditionelle, inzwischen seltene Haustierrassen wie Noriker- und Huzulenpferd, Tiroler Steinschaf, Pustertaler Sprinzen, Montafoner Braunvieh u. a. Rinderrassen.

Den Abschluss des »Großen Parterres« des Schlossparks bildet der imposante **Neptunbrunnen** mit seiner Marmor-Figurengruppe rund um den Meeresgott.

SCHLOSS

1441 Zimmer – Kabinette und Kammern, Prunksäle und Salons – umfasst das gesamte Schloss. Gerade einmal 40 sind für Touristen zugänglich. Freilich sind es die prunkvollsten und intimsten, darunter das Arbeits- und Schlafzimmer des Kaisers und seiner Frau Elisabeth, die Gemächer der Familie, diverse chinesische Kabinette, das Vieux-Laque-Zimmer mit seinen ostasiatischen Lacktafeln, in dem Maria Theresia als Witwe lebte, das mit Brüsseler Gobelins behängte Napoleonzimmer, das mit kostbarsten Hölzern und 260 indischen Miniaturen getäfelte Millionenzimmer und die 43 m lange Große Galerie, die mit ihren kolossalen vergoldeten Holzlüstern und reichen Stuckornamenten noch heute einen feierlichen Rahmen für Festbankette und Bälle bietet.

ÖFFNUNGSZEITEN SCHÖNBRUNN

- **Schlosspark:** tgl. ab 6, Nov.–Febr. 6.30 Uhr bis Einbruch der Dunkelheit, Eintritt frei.
- **Schauräume:** April–Juni u. Sept./ Okt. tgl. 8.30–17.30, Aug. bis 18.30 Uhr, Nov.–März bis 17, Juli,. Ausführliche Besichtigung (40 Zimmer) 17,50 €; Kurzversion (22 Zimmer) 14,20 €; diverse Kombi-Karten!
- **Gloriette:** Terrasse Mitte März–Juni u. Okt. tgl. 9–18, Juli/Aug. bis 19, Ende Okt.–Anf. Nov. bis 17 Uhr, Kaffeehaus tgl. 9 Uhr bis Einbruch der Dunkelheit.
- **Wagenburg:** Nov.–April Di–So 10–16, Mai–Okt. tgl. 9–18 Uhr.
- **Tiergarten und Wüstenhaus:** tgl. 9 Uhr bis Einbruch der Dunkelheit, spätestens 18.30 Uhr.
- **Irrgarten und Labyrinth:** entspr. der Gloriette-Aussichtsterrasse.
- **Palmenhaus:** Mai–Sept. tgl. 9.30 bis 18, Okt.–April bis 17 Uhr.
- **Kronprinzen- und Orangeriegarten:** Mitte März–Juni u. Okt. 9–17, Juli/Aug. bis 18, Ende Okt. bis Anf. Nov. bis 16 Uhr.
- **Detailinfos:** www.schoenbrunn.at

 Karte S. 97

Wer nach der Schlossbesichtigung noch Schaulust verspürt, kann in der **Wagenburg** die historischen Kutschen, Schlitten und Sänften des Kaiserhauses bewundern; das Monturdepot enthält höfische Kleidung des 19. und frühen 20. Jhs. (www.kaiserliche-wagenburg.at).

In einem benachbarten Seitentrakt verbirgt sich das **Schlosstheater,** das einzige noch bestehende Rokokotheater Wiens. In ihm traten einst Haydn und Mozart, ja sogar Mitglieder der Familie Maria Theresias auf. Gegenwärtig nutzen sowohl die Wiener Kammeroper als auch das nahe gelegene Max-Reinhardt-Seminar (die Talentschmiede für das Burg- und andere Theater) die Bühne für Aufführungen.

Leider häufig versperrt ist die entzückende frühbarocke **Schlosskapelle,** aber vielleicht haben Sie Glück: Sie enthält ein sehenswertes Deckenfresko von Daniel Gran, das Maria Magdalena darstellt, und ein Altargemälde von Paul Troger.

Kleineren Besucher entführt im rechten Schlosstrakt das **Kindermuseum** in die Habsburgerzeit (www.kaiserkinder.at) oder entzückt das **Marionettentheater** im Hofratstrakt › mehr S. 16 Punkt 26

In der großen **Orangerie,** wo schon Mozart musizierte, finden im Sommer abends regelmäßig hochkarätig besetzte und sehr stimmungsvolle Kammerkonzerte statt (tgl. 20.30 Uhr; Tel. 812 50 04-0, www.imagevienna.com).

GLORIETTE

Ein Stück Schönbrunn von ganz besonderem Reiz ist die Gloriette, jener klassizistische Kolonnadenbau, der die Hügelkuppe gegenüber

De Gloriette thront auf dem Hügel am Ende des Schönbrunner Schlossparks

SCHÖNBRUNN IM ZEITRAFFER

Die Große Galerie in Schloss Schönbrunn ist ein Juwel des imperialen Wiens

Wer mag diesen Blick nicht alles schon genossen haben: Kaiser Maximilian II., der den Landstrich 1559 kaufte und sich ein erstes Jagdschlösschen baute; die italienische Prinzessin Eleonore von Gonzaga mit ihrem kaiserlichen Gemahl Ferdinand II., die das von den Ungarn verwüstete Schloss als Sommerresidenz wiederaufbauen ließen; und schließlich der begnadete Barockarchitekt Johann Bernhard Fischer von Erlach, nachdem Schönbrunn bei der Türkenbelagerung von 1683 praktisch dem Erdboden gleichgemacht worden war. Seine von Leopold I. in Aufrag gegebenen Pläne liefen auf eine wahrhaft gigantomanische Palastanlage hinaus. Das Hauptgebäude sollte an der Stelle der heutigen Gloriette stehen und über extra lange Seitentrakte und Säulengänge mit dem Gartenparterre verbunden sein. Vorbild, das es zu übertreffen galt, war das französische Versailles.

Sei es, dass dem Kaiser der allzu protzige Stil missfiel oder schlicht das Geld nicht reichte: Die 1713 vollendete Anlage war weitaus bescheidener. Seine heutige Form erhielt der Palast auf Initiative von Kaiserin Maria Theresia im Rokoko-Stil. Joseph II. und Leopold II. veranstalteten in Schönbrunn prunkvolle Feste, 1805 und für kurze Zeit nochmal 1809 quartierte sich Napoleon ein.

Von allen Habsburgern hatte Kaiser Franz Joseph das engste Verhältnis zu Schönbrunn. Hier erblickte er 1830 das Licht der Welt, hier nahm er 1916 von ihr Abschied. In seiner 68-jährigen Regentschaft (1848–1916) wurde das Schloss neben der Hofburg zum zweiten Regierungssitz und zum Schauplatz der Weltpolitik. Kaiser Wilhelm I., Zar Alexander II., Belgiens König Leopold und Sultan Abdul Aziz aus Istanbul – an Prominenz fehlte es nicht. Und auch heute kommt fast jeder Staatsgast nach Schönbrunn.

DIE SCHÖNSTEN AUSSICHTEN

- Von der 60 m hoch gelegenen **Türmerstube des Stephansdoms** späht man der Altstadt gleichsam ins Dekolleté. > S. 82
- Vom **Oberen Belvedere** aus überblickt man Alt-Wien (fast) so wie Canaletto es malte. > S. 104
- Die schönste Aussicht über die barocke Pracht von Schloss Schönbrunn und das westliche Wien genießt man von der **Dachterrasse der Gloriette.** > 112
- Einen spektakulären Blick auf die östlichen Stadtteile eröffnen die Plattform und die Drehrestaurants des **Donauturms.** > S. 130
- Beliebte Aussichtspunkte in Wiens Nordwesten: Vom **Kahlenberg** und vom **Leopoldsberg** > S. 138, den beiden wohl populärsten Erhebungen des Wienerwaldes, schweift der Blick weit über die Stadt, über das Wiener Becken und das Donautal; an schönen Tagen ragen in der Ferne sogar der Schneeberg und die Karpaten auf.
- Zwei Ziele mit Traumblick für Wanderer: Hoch über den Wipfeln des Wienerwalds scheint man auf der Turmplattform der eisernen **Jubiläumswarte** aus den 1950ern (16., Gallitzinberg, ca.1,5 Std. zu Fuß von Neuwaldegg oder Hütteldorf aus) oder der historischen **Habsburgwarte,** (19., Hermannskogel, ca. 1,5 Std. von Grinzing oder Sievering aus) zu schweben.

dem Schloss beherrscht. Sie wurde 1775 zur Erinnerung an den österreichischen Sieg bei Kolin über die Armeen Friedrichs II. von Preußen errichtet, wobei Säulen und Arkadenteile von einem im Südosten Wiens gelegenen, längst verfallenen Renaissanceschloss Maximilians II. verwendet wurden.

Der kleine Spaziergang über die Serpentinenwege zu dem luftigen, aus einem triumphbogenartigen Mittelbau und zwei Seitenflügeln bestehenden Bauwerk, das den Südabschluss der Schlossanlage bildet, lohnt sich unbedingt. Das Gebäude beherbergt heute ein Café, von der Aussichtsterrasse darüber hat man eine grandiose Aussicht auf Schlossanlage und Stadt.

ZWISCHENSTOPP: RESTAURANTS

Das kulinarische Angebot in Schönbrunn ist vielfältig. Im **Café-Restaurant Kaiserpavillon** ❸ € werden kleine Speisen serviert, im **Gasthaus Tirolergarten** ❹ €€ zünftige alpine Küche.

Café Residenz ❺ €€

Österreichische Spezialitäten und Apfelstrudelshows live bietet das charmante Café im Ehrenhof links.

- Kavalierstrakt 52 | Tel. 241 00 300 www.cafe-residenz.at | Tgl. 9–20 Uhr

Café Gloriette ❻ €€

Hier kann man wie Maria Theresia anno dazumal in luftiger Höhe und durch Glastüren vor dem Wind geschützt einen Kaffee oder Imbiss zu sich nehmen.

- Tel. 879 13 11 | www.gloriette-cafe.at Tgl. ab 9 Uhr bis Parkschließung bei Einbruch der Dunkelheit

Die prächtige Historismus-Fassade des Technischen Museums

TECHNISCHES MUSEUM A5

Nur fünf Gehminuten von Schönbrunn entfernt befindet sich das Technische Museum, eine der modernsten Technikschauen Europas, thematisch geordnet, interaktiv und multimedial. Für Kinder(3–6 Jahre) gibt es einen eigens gestalteteten Erlebnisbereich, Sonderausstellungen ergänzen das attraktive Angebot. Der Museumsshop bietet Spannendes für alle Altersgruppen an (Mo–Fr 9–18, Sa/So/Fei 10–18 Uhr, 13 €; Mariahilferstr. 212, www.technischesmuseum.at).

WERKBUNDSIEDLUNG

Weitere architektonisch durchaus interessante Kleinode, die nicht viele Bewohner Wiens kennen, versammelt vor allem der Westen der Stadt. Abgesehen von den Werken Otto Wagners › S. 54 ist vor allem die Werkbundsiedlung in Hietzing die kleine Anreise in den 13. Bezirk wert. Sie entstand auf Initiative des Werkbundes, eines »Vereins zur Förderung material- und formgerechter handwerklicher Qualitätsarbeit«. Anlässlich der internationalen Werkbundausstellung im Jahr 1930 entwarfen unter Leitung Josef Franks namhafte Architekten Typen- und Reihenhäuser mit Wohnungen auf kleinstem Raum, die dann die Wiener Stadtverwaltung bauen ließ. An dem Projekt, das als eine der wichtigsten Manifestationen der Moderne in Österreich gilt, nahmen unter anderem Clemens Holzmeister, Gerrit Rietveld, Josef Hoffmann, Adolf Loos, Hugo Häring, Anton Brenner, Oswald Haerdtl, Margarete Schütte-Lihotzky und Richard Neutra teil. Die Siedlung ist bewohnt und deshalb nur von außen zu besichtigen (Jagdschlossgasse/Veitingergasse; Buslinien 54 B und 55 B ab U-Bahnstation Ober St. Veit, Linie 4, www.werkbundsiedlung-wien.at).

Hietzing war übrigens von jeher ein wohlhabender Bezirk. Welcher Prestigegewinn, in räumlicher Nähe zum Kaiser zu wohnen! Im Umfeld des Schlosses Schönbrunn stehen auch einige architekturhistorisch höchst interessante Villen:

Die **Villa Steiner** (St.-Veit-Gasse 10) beispielsweise ist das erste von Adolf Loos neu erbaute Haus und lässt dessen Grundprinzipien – strenge Gliederung und Raumökonomie – bereits gut erkennen. Mit dem **Haus Scheu** (Larochegasse 3), errichtet 1912–1913, verwirklichte er erstmals die Idee des Terrassenhauses. Die **Villa Skywa-Primavesi** (Gloriettegasse 18) schuf Josef Hoffmann 1913–1915. Das streng symmetrische, repräsentative Gartenwohnhaus ist offensichtlich dem Klassizismus verpflichtet, wirkt aber durch die schmalen, hohen Fenster und die wuchtige Gestaltung der horizontalen Linien gedrungen und schwer.

ZWISCHENSTOPP: RESTAURANTS

Nach dem Motto »Wo der Tafelspitz zu Hause ist« kredenzt die Gastronomenfamilie Plachutta im **Plachutta Hietzing** ❼ €€€ Rindfleisch exquisit auf Alt-Wiener Art › **mehr S. 15 Punkt** ⓲, z. B. Ochsenschleppgulasch mit Serviettenknödel.

- 13. | Auhofstr. 1 | Tel. 87 77 08 70
  www.plachutta.at
  Mo–Fr 11.30–15, 18–23.30 Uhr, Sa/So durchgehend warme Küche

Direkt gegenüber, bei **Mario** ❽ €€€ herrscht mediterrane Leichtigkeit. Hier serviert man hervorragende Pasta-, Fisch- und Fleischgerichte, im Sommer auch auf der Terrasse.

- 13. | Lainzer Str. 2 | Tel. 876 90 90
  www.mario-hietzing.at
  Tgl. 8–0.30, Küche 11–23 Uhr

WOTRUBA-KIRCHE ★

Südlich des 13. erstreckt sich der 23. Bezirk. Dort steht auf dem **Georgenberg,** am Rande des beliebten Naturschutz- und Erholungsgebietes Lainzer Tiergarten, die Kirche **Zur Heiligsten Dreifaltigkeit** › **Bild S. 55**. Sie wurde auf Initiative der österreichischen Vorstandsdirektorin des Konzerns OMV Dr. Margarethe Ottilinger und nach dem Konzept des Wiener Bildhauers Fritz Wotruba zwischen 1965 und 1976 gestaltet. Der gemeinhin nach seinem Schöpfer als »Wotruba-Kirche« bezeichnete Sakralbau besteht aus unregelmäßig aufgeschichteten, glatten Betonkuben, in deren Zwischenräume Glasflächen von unterschiedlicher Größe eingefügt sind.

Als eine der originellsten architektonischen Schöpfungen der Stadt wurde natürlich auch dieses moderne Bauwerk äußerst kontrovers diskutiert. Doch schon vor dessen Fertigstellung kamen Neugierige und Kunstkenner von weit her angereist (Sa 14–20, im Winter bis 16,30, So, Fei 9–16.30 Uhr; Maurer-Lange-Gasse 137, U4 bis Station Hietzing, danach Straßenbahn 60 bis Maurer Hauptplatz, von dort Bus 60 A, www.georgenberg.at).

DER OSTEN WIENS

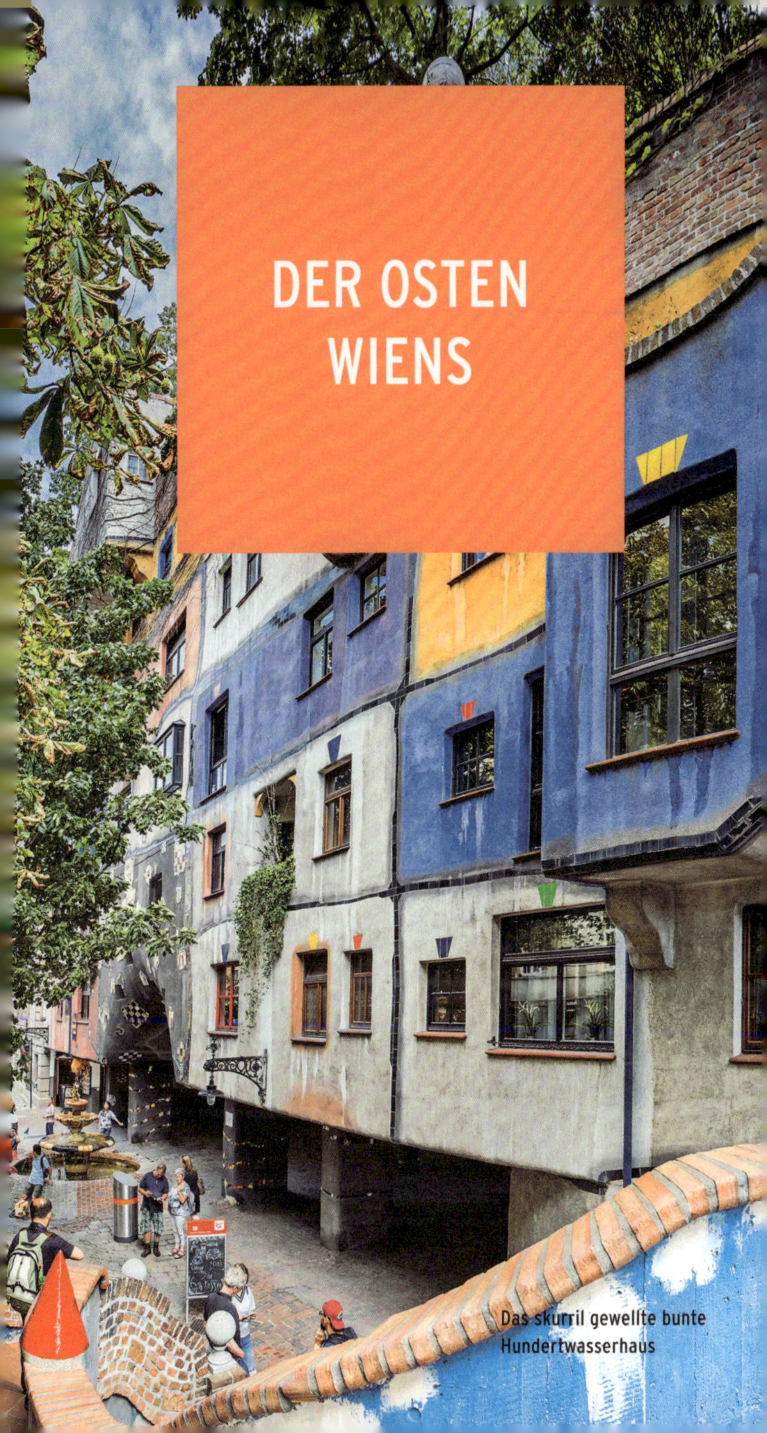

Das skurril gewellte bunte Hundertwasserhaus

Weltberühmt und oft besungen: der Prater mit seinem Vergnügungspark und Naherholungsgebiet. Dann das bunte Hundertwasserhaus, eine Stippvisite an die Donau, zur UNO-City und zum alten jüdischen Wien …

Wien bietet seinen Bewohnern in vielerlei Hinsicht eine hervorragende Lebensqualität und rangiert auf den einschlägigen internationalen Rankings regelmäßig auf den absoluten Spitzenrängen. Aus der Sicht anderer Millionenstädte besonders beneidenswert ist neben der Güte von Wasser und Luft, der hohen Sicherheit und dem dichten Verkehrsnetz das reichhaltige Angebot, seine Freizeit in relativ unversehrter Natur zu verbringen. Zu Recht viel gepriesen ist als grüne Lunge und idyllisches Wanderrevier der Wienerwald. Noch vielfältiger sind freilich die Möglichkeiten für Sportler und Müßiggänger im Osten der Stadt: Die großen Auwälder des Prater sind seit nun bald 250 Jahren ein von jedermann viel frequentiertes Erholungsgebiet. Ungleich jüngeren Datums ist die Neue Donau und jene künstliche Insel, die sie vom Hauptstrom trennt. Hier können Jung und Alt auf einer Strecke von über 20 km (fast) allen erdenklichen Sportarten frönen.

Entlang der im Folgenden beschrieben Tour harren freilich auch zahlreiche Kulturdenkmäler von Rang der Besichtigung – das Hundertwasserhaus und das Riesenrad zum Beispiel, beides Wahrzeichen Wiens der etwas anderen Art; aber auch die Urania, der Augarten mit seiner weltberühmten Porzellanmanufaktur oder, als Symbol von Wiens Weltläufigkeit, der Glaspalast namens UNO-City. Ein düsteres Kapitel aus der Geschichte der Stadt erkundet, wer das Herz der Leopoldstadt durchstreift – jenes Viertel, in dem vor dem Nazi-Terror Wiens an die 200 000 Mitglieder zählende, auf kulturellem, intellektuellem Gebiet immens fruchtbare jüdische Gemeinde beheimatet war.

Herbstliches Farbenspiel auf der Hauptallee des Grünen Praters

TOUR DURCH DEN WIENER OSTEN

TOUR 5

PRATER UND ÖSTLICHE BEZIRKE

VERLAUF: Prater > Hundertwasserhaus > Leopoldstadt > Augarten > UNO-City > Donauturm

KARTE: Seite 121
DAUER: je nach Erholungsbedarf im Grünen oder am Fluss ein halber oder ganzer Tag
PRAKTISCHE HINWEISE:

- Idealer Ausgangspunkt für die Erkundung des zentralen Teils der Insel zwischen Donau und Donaukanal ist der Praterstern, den man bequem mit der U1 erreicht. Dieselbe Linie bringt einen auch über die Donau zu Donauinsel und UNO-City.
- In den 3. Bezirk, zum Hundertwasserhaus, gelangt man nach einem Spaziergang über die Prater-Hauptallee mit der Straßenbahn Linie 1, in die Leopoldstadt mit der Straßenbahn Linie 2 (Umsteigen am Schwedenplatz).

TOUR-START: VOLKSPRATER 11 H2

Das Viertel rund um das Riesenrad war schon gegen Ende des 18. Jhs. ein beliebtes Ausflugsgebiet mit Meiereien, Kaffee- und Wirtshäusern. 1830 eröffnete ein gewisser Basileo Calafati ein »Kunstkabinett für Taschenspielertricks und Geistererscheinungen« und kurz darauf das erste Ringelspiel. Bald folgten Schaubuden, Kegelbahnen und andere Vergnügungsetablissements – der Volks- oder Wurstelprater war entstanden. Einige charmante Relikte aus dieser Pionierzeit – Grottenbahnen, Schießbuden und ein Kasperltheater – haben die Zerstörungen des Krieges überdauert und behaupten sich bis heute gegen die schrillen High-Tech-Einrichtungen der Jahrmarktsindustrie (sämtliche Attraktionen unter www.prater.at).

Viele Erinnerungsstücke an den alten »Wurstelprater«, wie Plakate, Fotografien, Schilder, Ringelspielfiguren u.v.a.m, sind im **Pratermuseum** ausgestellt (2., Oswald-Thomas-Platz 1; Fr–So, Fei 10–13, 14–18 Uhr; www.wienmuseum.at).

RIESENRAD 1

Inmitten des Volkspraters, Wiens berühmtem Vergnügungsviertel, erhebt sich als eines der Wahrzeichen der Stadt das Riesenrad. Ungezählt sind die Anekdoten, die seine über 100-jährige Geschichte begleiten. Schon bald nachdem der englische Ingenieur Walter Basset 1896/97 die fast 67 m hohe und 430 t schwere Konstruktion mit ihren 120 Metallspeichen und damals 30 Waggons errichtet hatte, wurde sie nicht nur für beschauliche Aussichtsfahrten gebraucht, sondern

Karte S. 121

Eine Fahrt mit dem Prater-Riesenrad ist ein Erlebnis für Jung und Alt

auch für allerlei artistische Einlagen missbraucht. Legendär ist das Kunststück der Französin Solange d'Atalide, die Anfang des 20. Jhs. auf einem Gondeldach hoch zu Ross eine Runde drehte. Kaum weniger spektakulär war die Fahrt einer gewissen Marie Kindl, die sich lediglich mit ihren Zähnen an einem von einer Gondel herabhängenden Seil festhielt. Im Ersten Weltkrieg beschlagnahmte das oberste Militärkommando das Riesenrad als Beobachtungsposten, im Zweiten wurde es durch Bomben schwer beschädigt. Doch schon bald darauf drehte es sich wieder und erlangte Weltruhm als Kulisse in Carol Reeds Filmklassiker »Der Dritte Mann«.

Heute gehört die fast viertelstündige vertikale Rundfahrt mit toller Aussicht für jeden Wien-Besucher zum Pflichtprogramm (Riesenradplatz, je nach Jahreszeit 9 oder 10 bis 20, 22, 23 oder 24 Uhr, Kassenschluss jeweils 15 Min. früher; www.wienerriesenrad.com).

ZWISCHENSTOPP: RESTAURANT

Schweizerhaus ❶ €€ J2

Ein klassisches Prater-Ausflugslokal, wo man traditionell gegrillte Schweinshaxen (»Stelzen«) und ein gepflegtes Bier bestellt.

- 2. | Straße des 1. Mai 116
  Tel. 728 01 52 13
  www.schweizerhaus.at
  Mitte März–Okt. tgl. 11–23 Uhr

GRÜNER PRATER H–K2–4

Abstand vom Rummel gewinnt man bei einem Spaziergang durch den Grünen Prater auf der Hauptallee, die seit über 30 Jahren vom

Motorverkehr befreit ist. Wer keine große Zeit oder Lust zum Gehen hat, schwenkt nach ca. 20 Min. rechts in die Rotundenallee ein und folgt dieser bis zum Donaukanal. Allen anderen jedoch sei empfohlen, zunächst begleitet von den Gleisen der putzigen **Liliputbahn** die Hauptallee mit ihren weiß blühenden Kastanien weitere 3 km bis zum **Lusthaus** zu gehen. Das reizende Schlösschen liegt inmitten eines Augenebietes, das jahrhundertelang nur kaiserliches Jagdrevier war und erst im Jahr 1766 von Joseph II. dem gemeinen Volk geöffnet wurde. Dies nutzt es bis heute mit Vergnügen.

TOUR IM WIENER OSTEN

TOUR 5

PRATER UND ÖSTLICHE BEZIRKE

1 Riesenrad
2 Hundertwasserhaus
3 KunstHausWien
4 Johann-Strauß-Wohnung
5 Augarten mit Schloss
6 Kriminalmuseum
7 Urania
8 UNO-City (VIC)
9 DC Tower

Karte S. 121

ZWISCHENSTOPP: RESTAURANT

Lusthaus 2 €€

Bietet Stärkung mit einer echten Wiener Jause oder Süßem aus der hauseigene Patisserie in stilvollem Ambiente.

- 2. | Freudenau 254 | Tel. 728 95 65 www.lusthaus-wien.at April–Sept. Mo–Fr 12–22, Sa/So/Fei 12–18, Okt.–April Do–Di 12–17 Uhr

HUNDERTWASSER-HAUS 2 ★ H3

Jenseits der Rotundenbrücke beginnt der 3. Bezirk, die »Landstraße«. Hier, nicht weit von jener Stelle, wo der Wienfluss in einen Donauarm mündete, entstand in der zweiten Hälfte des 16. Jhs. der Vorort Weißgerber, die Siedlung der Gerber, Darmwäscher und Fleischer. Noch bis weit ins 18. Jh. stiegen hier nicht nur atemberaubende Düfte in den Himmel, sondern zuweilen auch die Rauchschwaden eines Scheiterhaufens: Auf der »Gänseweide« befand sich eine der Wiener Hinrichtungsstätten.

Doch die düsteren Gedanken vertreibt ganz in der Nähe, an der Ecke Löwen- und Kegelgasse, eine kuriose kommunale Wohnanlage, die seit ihrer Fertigstellung (1985) fast soviele Touristen anlockt wie Schloss Schönbrunn: das Hundertwasserhaus › Bild S. 117. Dessen Schöpfer, der bis dahin v. a. durch seine immer gleichen Spiralen-Bilder bekannt gewordene Maler Fritz Stowasser alias Friedensreich Hundertwasser (1928–2000), hat in dem viel diskutierten Unikum mit 50 Wohnungen seine je nach Perspektive zukunftsweisenden oder einfach spleenigen Prinzipien verwirklicht: Anstatt Kunststoff verwendete er Keramik, statt Stahlbeton Ziegelwerk und Holz; auf Balkonen und Dächern pflanzte er Buschwerk und Bäume; Wänden und Böden legte er Dauerwellen an; Fenster und Fassaden wurden in allen Farben bemalt; alles steht im Zeichen der Unregelmäßigkeit (Kegelgasse 34–38, www.hundertwasser-haus.info).

Das Hundertwasser Village gegenüber dem Haus konzipierte der Künstler ebenfalls

WIENS SKURRILE MUSEEN

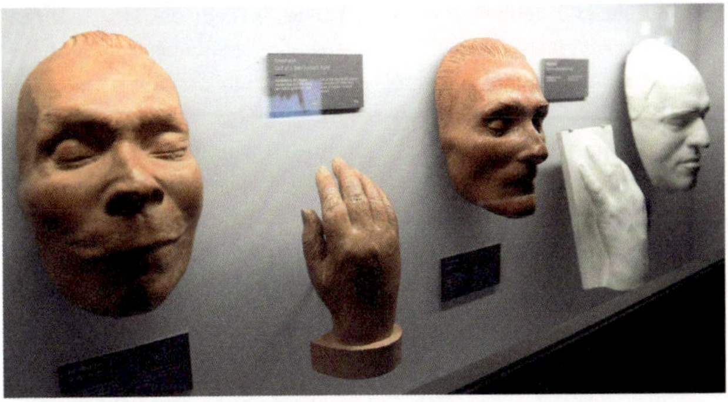

Wiener Totenkult – Totenmasken und -hände im Bestattungsmuseum am Zentralfriedhof

In Wien reiht sich ein Top-Museum an das andere, jede historische Facette hat ihren Schrein. Was Touristen freilich oft übersehen, sind die ganz speziellen musealen Blüten: Etwa das **Bestattungsmuseum,** das mit unnachahmlich makabrem Ernst über Särge und Urnen, Leichenwagen und andere Totenkult-Accessoires informiert (März bis 2. Nov. Mo–Sa 10–17.30, sonst Mo–Fr 9–16.30 Uhr; 11., Zentralfriedhof, Tor 2, Simmeringer Hauptstr. 234; www.bestattungsmuseum.at).

Oder das **Rauchfangkehrermuseum,** das in Form von gut 200 Exponaten das Traditionshandwerk näherbringt (So 10–12 Uhr, außer in den Ferien; 4., Klagbaumgasse 4, www.rauchfangkehrermuseum.at).

Das **Circus- & Clownmuseum** präsentiert liebevoll Exponate rund um das Zirkusleben und zum Wiener Varietee (So 10–13, 1. und 3. Do im Monat 19–21 Uhr; 2., Ilgplatz 7/1, www.circus-clownmuseum.at).

Zu Wiens ungewöhnlichen Museen gehören auch das **Fälschermuseum** > S. 124, das **Kriminalmuseum** > S. 126 oder das **Pathologisch-Anatomische Bundesmuseum** im Narrenturm, einem historischen Kerker. Leute mit Faible fürs Gruselig-Abartige können u.a. Eiserne Lungen, aus Wachs nachgebildete Tumore, Föten in Formalin oder eine Gallen- und Nierenstein-Sammlung bestaunen (Mi 10–18, Do/Sa 10–13 Uhr; 9., Spitalgasse 2, www.nhm-wien.ac.at/forschung/anthropologie).

Von sehr speziellem Charme ist auch die Wachspräparatesammlung des **Medizinhistorischen Museums** im **Josephinum.** Dort sieht man anatomische und geburtshilfliche Wachsmodelle, anhand deren angehende Doktoren im 18. und 19. Jh. das komplizierte Innenleben des Menschen studieren konnten (Mi 16–20, Fr/Sa 10–18 Uhr, Führungen Mi 18, Fr 11 Uhr; 9., Währinger Str. 25/1, www.josephinum.ac.at).

Vis-à-vis des Hundertwasserhauses befindet sich das ebenfalls nach dem Konzept des Künstlers 1990/91 aus einer alten Garage hervorgegangene kleine **Hundertwasser Village** mit Gastronomie und Läden (tgl. 9–18 Uhr; Kegelgasse 37–39, www.hundertwasser-village.com).

FÄLSCHERMUSEUM H3

Um die Ecke vom Hundertwasserhauses veranschaulicht das originelle kleine Fälschermuseum den Unterschied zwischen Stil- und Identfälschungen sowie Meisterkopien. Dazu werden spannende Kriminalgeschichten erzählt und hochwertige Plagiate legal verkauft (Di–So 10–17 Uhr, im Winter evtl. abweichend; Löwengasse 28, www.faelschermuseum.com).

KUNSTHAUS WIEN 3 H2

Wenige Gehminuten entfernt verwandelte Hundertwasser das Gebäude, in dem die Firma Thonet einst die berühmten Bugholzmöbel herstellte, in das KunstHausWien. Dort werden auf 3500 unebenen Quadratmetern Werke des Meisters und in Wechselausstellungen auch Arbeiten anderer renommierter internationaler Künstler gezeigt. Angeschlossen sind ein Museumsshop und ein Café-Restaurant (tgl. 10–18 Uhr, 12 €; Untere Weißgerberstr. 13, www.kunsthauswien.com).

LEOPOLDSTADT G2

Die Praterstraße war im 19. Jh. bevorzugtes Revier der leichten Muse. Unweit des Nestroyplatzes stand einst das Carl-Theater, dem Wiens

JÜDISCHE SPURENSUCHE

Vor 1938 hieß die Leopoldstadt im Volksmund »Mazzesinsel«, nach dem ungesäuerten Brot der Juden. Sie bildete seit Anfang des 17. Jhs., als Ferdinand II. das Ghetto einrichten ließ, das Wiener Zentrum jüdischen Lebens. Dann das furchtbare Ende, Exil bzw. Deportation und Holocaust, dem von Wiens zuletzt 183 000 jüdischen Mitbürgern 181 000 zum Opfer fielen. Nach dem Krieg suchte man in den Gässchen rund um den Karmeliterplatz – in der Großen Sperlgasse, Hollandstraße, Großen Schiffgasse etc. – vergeblich nach Spuren der alten Tradition. Erst in den letzten Jahrzehnten ist die örtliche jüdische Bevölkerung vor allem durch Einwanderer aus den Gebieten der ehemaligen Sowjetunion, aber auch durch Rückkehrer aus Israel von knapp 5000 auf geschätzte 20 000 angewachsen.

Heute kann man wieder Passanten in orthodoxer Tracht begegnen, kann eine Handvoll koschere Läden und Lokale, ja sogar ein jüdisches Gymnasium und eine neue Grundschule der Israelitischen Kultusgemeinde finden. Zugleich hat die Gegend auch für junge, nicht-jüdische Trendsetter spürbar an Attraktivität gewonnen. Die Gassen beiderseits der Taborstraße schicken sich an – die reihenweise Eröffnung von unkonventionellen Läden, Cafés und Restaurants dient als Indiz – zum neuen In-Viertel zu avancieren.

genialster Volksdichter Johann Nestroy 1854–1860 als Direktor vorstand. In der **Praterstraße Nr. 54** 4 G2 komponierte Johann Strauß Sohn seinen wohl berühmtesten Walzer »An der schönen blauen Donau« – Anlass genug für ein kleines Gedenkmuseum. Das Highlight unter den Exponaten ist eine original Amati-Geige aus dem Besitz des Walzerkönigs (Di bis So 10–13, 14–18 Uhr; www.wienmuseum.at). Nahebei, in **Nr. 28**, schwang Joseph Lanner, der härteste Rivale des Walzerkönigs im Kampf um die Gunst des Publikums, seinen Dirigentenstab im Dreivierteltakt. Die merkwürdige Nachbildung eines venezianischen Palazzo schließlich, der Dogenhof auf **Nr. 70**, ist ein Andenken an »Venedig in Wien«, eine von Kanälen durchzogene und mit Gondeln befahrbare Miniaturstadt, die vor 100 Jahren vergnügungssüchtige Wiener anlockte.

All das ist Vergangenheit. Der Gegenwart begegnet man reichlich eindeutig in den angrenzenden engen Quergassen, einem nachts ziemlich quirligen Rotlichtviertel.

AUGARTEN MIT SCHLOSS ★ F1

Höchst wechselhaft klingt die Geschichte jenes 52 Hektar großen Parks, der sich westlich der Leopoldstadt, an der Grenze zum 20. Bezirk Brigittenau, erstreckt. Ursprünglich war der Auwald einmal kaiserliches Jagdrevier. Erst Ferdinand III. machte aus dem Gebiet um 1650 einen kleinen Garten, den sein Sohn Leopold I. ausdehnte. Ende des 17. Jhs. wurde das heutige Augartenpalais im Stil der architektonischen Kunstwerke Johann Bernhard Fischer von Erlachs errichtet. 1712 trimmte der Gartenarchitekt Jean Trehet, zur selben Zeit mit dem Park des neuen Schlosses von Schönbrunn beschäftigt, im

Der Augarten ist im Sommer eine beliebte innerstädtische Oase

Auftrag Karl VI. die Anlage nach der neuen, der französischen Barockmode: Er legte die Alleewege nach streng geometrischen Mustern an, stutzte die Bäume gleichsam mit Lineal und Wasserwaage zurecht und ließ zur Erbauung der Flaneure allerlei Statuen aufstellen.

Joseph II. schließlich öffnete das Gelände 1775 dem Volk. Eine Inschrift über dem Eingangsportal, das Isidor Canevale zu dem freudigen Anlass schuf, zeugt noch heute von der edlen Tat: »Allen Menschen gewidtmeter Erlustigungs-Ort von ihrem Schätzer«.

Die Wiener ließen sich nicht zweimal bitten und inszenierten die Erlustigung mit Hingabe. Ignaz Jahn etwa, seines Zeichens Traiteur (oberster Küchenchef) des Hofes, eröffnete ein »kulinarisches Kulturinstitut«, in dem Wiens Schickeria neben den raffiniertesten Gaumenfreuden auch von Mozart und Beethoven dirigierte Morgenkonzerte genoss. Der Augarten mutierte innerhalb kürzester Zeit zum Freiluftballsaal, der noch von den Delegierten des Wiener Kongresses mit Begeisterung besucht wurde.

Danach freilich begann der Glanz zu verblassen. Der Tiefpunkt war im Zweiten Weltkrieg erreicht, als man den monströsen Flakturm errichtete und auf den Wiesen Schutt ablagerte.

Nach 1945 wurde der Augarten zur Heimat zweier Wiener Institutionen: Im barocken **Augartenpalais** drücken seit 1948 die Wiener Sängerknaben › S. 75 die Schulbank, und in die schöne Orangerie zog die **Porzellanmanufaktur Augarten** ein. 1718 von dem Niederländer Du Paquier gegründet, hatte sie ihren Sitz anfangs in der Porzellangasse im heutigen 9. Bezirk. Spätestens nachdem Maria Theresia sie 1744 in staatlichen Besitz überführt hatte, zählte die Manufaktur dank der Vielfalt und Qualität ihrer handgemalten Dekors trotz der starken internationalen Konkurrenz von Sèvres, Meißen und Nymphenburg zu den führenden einschlägigen Unternehmen Europas. Ihre Barock-, Rokoko- und später auch Empire-Designs füllten in jedem Palais und jeder bürgerlichen Wohnung die Vitrinen. Heute gehört die Manufaktur der Stadt Wien und setzt die alte Tradition gewissenhaft fort. Einstündige Führungen, in deren Verlauf man die Produktion verfolgen kann, finden Mo–Fr außer Fei um 10.15 und 11.30 Uhr statt (www.augarten.at; mit Shop, Flagship-Store auch in der Innenstadt, 1., Spiegelgasse 3 › S. 38).

Südlich des Augartens kann man sich im **Kriminalmuseum** 6 F1 in die Spurensuche bei großen Kriminalfällen und in die polizeiliche Ermittlungsarbeit vom Mittelalter bis in jüngere Zeit vertiefen (2., Sperlgasse 24, Mi–So 10–17 Uhr; www.kriminalmuseum.at).

URANIA 7 G2

Zurück an den Donaukanal, genauer: zum Schnittpunkt von Ringstraße und Franz-Josefs-Kai. Dort erhebt sich ein architektonisch reizvolles, kuppelbekröntes Gebäude – die in jüngerer Zeit auf Hochglanz

Leben und Arbeiten im Industriedenkmal in der Gasometer-City

polierte Urania. Sie wurde 1910 von Max Fabian als ein Zentrum der Volksbildung konzipiert, das auch eine **Sternwarte** umfasst. Bis heute in dieser Funktion, wurde der markante Gebäudekomplex vor wenigen Jahren generalsaniert und um ein – bei der trendigen Jugend sehr beliebtes – Szenelokal erweitert.

Apropos: Zu Füßen der Urania, an der Mündung des Wienflusses, verströmt am Ufer des Donaukanals von ca. Mitte Mai bis Mitte Sept. die **Strandbar Herrmann** Ferienfeeling pur mit einem echten Sandstrand samt Boulespiel und Liegestühlen sowie guten Drinks und Musik (www.strandbarherrmann.at).

GASOMETER CITY

Neues Leben in alten Gasometer-Mauern – nicht nur für Architekturfans lohnt sich ein Abstecher mit der U3 ein paar Stationen ostwärts, nach Simmering in die Gasometer-City. Vier wuchtig-markante Zylinder aus rotem Ziegel, 75 m hoch und mit 65 m Durchmesser, wurden spektakulär umgestaltet (www.gasometer.at).

Nach ihrer Inbetriebnahme 1899 verrichteten die vier Riesenbehältnisse fast 90 Jahre lang ihren Dienst; 1985/86 erfolgte die Stilllegung. In den 1990er-Jahren entdeckte die Techno-Szene die leeren Zylinder und feierte hier ausgelassene Partys, bevor schließlich der Um- und Ausbau des Areals beschlossen wurde. Namhafte Architekten wie Jean Nouvel, Manfred Wehdorn, Wilhelm Holzbauer, Rüdiger Lainer und das Büro Coop Himmelb(l)au lieferten die Entwürfe. 615 Wohnungen sowie Büros, ein Studentenwohnheim und eine Kindertagesstätte sind in den ehemaligen Gasometern untergebracht. Die vier Türme wurden durch gläserne Übergänge miteinander verbunden.

FUN AUF DER DONAUINSEL

200 m ist sie breit und über 20 km lang, jene Insel, die die Stadtväter ab 1970 aus Gründen des Hochwasserschutzes parallel zur Donau aufschütten ließen. Anfangs haben die Wiener das künstliche Eiland, wie nicht anders zu erwarten, gehörig geschmäht. Inzwischen aber ist es voll und ganz akzeptiert – als Erholungs-, Strand- und Sportparadies, das dank vieler Esstempel, Bars und Diskos im Hochsommer zu Ballermannform aufläuft und längst so manchen Urlaub am Meer ersetzt.

DAY ...

Tagsüber ist diese Binnenadria das Revier von Sportlern und Müßiggängern. Auf dem dichten Netz von asphaltierten Wegen ziehen scharenweise Jogger, Wanderer, Radfahrer und Skater ihre Runden – wobei deren Zahl umso mehr abnimmt, je weiter man sich von der Reichsbrücke in der Inselmitte entfernt.

- **Rad- und Skaterverleih Copa Cagrana**
  Verleih von diversen Fahrradtypen und von Tandems, Rikschas, Elektorollern, Boards u. a. m. > **mehr S. 12 Punkt 7**
  Am Damm 1 | Tel. 263 52 42
  www.fahrradverleih.at
  Mai–Aug. tgl. 9–21, April u. Sept. bis 20, März u. Okt. bis 18 Uhr
- **Booteria**
  Verleih von Tret- und Elektrobooten an der Reichsbrücke.
  Sunken City | Tel. 699 158 74 11
  www.booteria.at
  April–Okt. tgl. 11–24 Uhr
- **Vienna Watersports Arena**
  Rafting- und Kayaking-Vergnügen im Wildwasserkanal auf der Donauinsel; auch für Einsteiger, Kursangebot.
  Steinspornbrücke | Tel. 210 90 78
  www.viennawatersportsarena.at
  Mai–Okt. tgl. ab 10 Uhr

Die Donauinsel-Vergnügungsmeile Sunken City vor der Kulisse der Donau City

- **Wakeboardlift**
  Spannt am Kaisermühlendamm unweit der Donaustadtbrücke, Wasserratten vor den Wasserskilift; mit angeschlossenem Restaurant »Wake up«.
  Am Wehr 1 | Tel. 676 518 27 11
  www.wakeboardlift.at
  Juni–Aug. tgl. 10 Uhr bis Dämmerung, Mai u. Sept. Mo–Fr ab 12, Sa/So ab 11 Uhr
- **Wasserrutsche Donauinsel**
  Eine 208 m (!) lange Wasserrutsche hinter der Brigittenauer Brücke.
  Tgl. 10–19 Uhr

... AND NIGHT

Nach Sonnenuntergang mutieren die Flussgestade nahe der Reichsbrücke zum Tummelplatz für Nachtschwärmer. Die beiden Vergnügungsmeilen kennt man als **Sunken City** (www.donauinsel.at) und **Copa Cagrana** – wobei letztere auf insgesamt 3 ha und einer 300 m langen Wasserfront bis 2021 neu gestaltet wird und dann Copa Beach heißt. Die Bars, Restaurants und Klubs von Sunken City sind nicht eben elegant, suggerieren aber dank kunterbunter Klientel, ebensolchem Lichterdekor sowie karibisch-mediterranen Düften und Klängen erstaunlich authentisches Urlaubsflair. Grund genug für Tausende, hier in lauen Sommernächten bis zum frühen Morgen abzufeiern.

- **Sokrates** €€
  Die griechische Taverne tischt Souvlaki und Meeresspezialitäten vom Feinsten auf. Werktag-mittags diverse Hauptspeisen um 6 €.
  Sunken City | Tel. 0650 587 41 11
  www.restaurant-sokrates.at
  Mai–Ende Sept. tgl. 11.30–23.30 Uhr
- **Palmar** €€
  Sonne, Sand, Palmen, Cocktails – Urlaubsfeeling pur direkt zu Füßen des Leuchtturms.
  Sunken City | Tel. 0699 117 82 860
  Mai–Ende Sept. Mo–Fr 15 bis mind. 1, Sa/So ab 14 Uhr
- **Rumba y Mambo** €€
  Die Cocktails aus aller Welt munden, die Küche ist lateinamerikanisch. Dazu gibt's heiße Latino-Rhythmen, mehrmals pro Woche DJs sowie Tanzkurse für Bachata, Salsa, Merengue etc.
  Sunken City | Tel. 0676 471 84 33
  www.rumbaymambo.at
  Mai–Sept. tgl. ab 14 Uhr
- **Sansibeach** €€
  Besonders angesagte schwimmende Freiluft-Bar und -Disko.
  Sunken City | Tel. 0660 777 30 11
  www.donauinsel.at
  April–Sept. tgl. ab 18 Uhr
- **Café del Sol** €€
  In-Treff an der Uferpromenade. Auf zwei Terrassen gibt es Cocktails, Snacks und Salate, dazu Chill-Musik.
  Sunken City | Tel. 0660 777 30 11
  Mai–Okt. tgl. 10–2 Uhr

STRÄNDE

Von Juni bis September beherrschen die Sonnenanbeter und Wassersportler das Geschehen. Erstere räkeln sich an den fast 40 km langen Sand- und Schotterstrände oder auf den großen Liegewiesen und kühlen sich in der tadellos sauberen Neuen Donau ab. Speziell ausgewiesene FKK-Plätze gibt es im tiefen Südosten der Insel. Vom Teamgeist beseelte Ballfetischisten hingegen finden diverse Felder für Fuß-, Basket- oder Beachvolleyball.

Karte S. 121

In den Umbau integrierte man auch die Infrastruktur für das neue Wohn- und Geschäftsviertel. Doch nicht nur die Gasometer-Bewohner, auch Wiener aus den anderen Bezirken strömen in Scharen in die große **Shoppingmall** mit Filialen vieler bekannter High-Street-Shops und gastronomischen Angeboten. Für Unterhaltung sorgt hier das **Urban Entertainment Center,** das den Gasometern C und D vorgebaut ist. Es beherbergt das Hollywood-Megaplex-Kino mit zwölf Sälen, die Bank-Austria-Halle für Großveranstaltungen und Konzerte, und Restaurants, die sich dem »Eatertainment« verschrieben haben.

UNO-CITY 8

Auf der Aspernbrücke geht es nun über die Donau und den Donaukanal. Einen seltsamen Namen haben die Wiener den nördlich des Stroms gelegenen Bezirken Floridsdorf und Donaustadt gegeben: »Transdanubien« – jenseits der Donau. Das klingt etwas nach exterritorialem Gelände, und ein wenig ist es das auch. Das landläufig als UNO-City bekannte **Vienna International Centre (VIC)** beherrscht – zusammen mit den angrenzenden, in jüngerer Zeit wie Pilze aus dem Boden geschossenen Bürowolkenkratzern – den zentralen Bereich des nördlichen Flussufers. Das neben New York, Genf und Nairobi vierte Hauptquartier der UNO wurde zwischen 1973 und 1979 errichtet. Sein geistiger Vater war Bruno Kreisky, der Wien damit seine traditionell große Bedeutung als Ort der Begegnung und als Brennpunkt der Diplomatie wiedergab.

Längst haben sich selbst die konservativen Wiener an den Anblick dieser exterritorialen Stadt in der Stadt gewöhnt und auch deren über 4500 Beamte aus allen Teilen der Welt im täglichen Leben als Bereicherung für Wien schätzen gelernt (Führungen für Einzelbesucher ohne Anmeldung Mo–Fr 11 und 14 Uhr, Juli und Aug. auch 12.30 Uhr; www.unis.unvienna.org).

Rund um die UNO-City, entlang der Wagramer Straße und der Autobahn, setzt ein modernes Büro- und Wohn-Hochhauszentrum neue städtebauliche Akzente.

DONAUTURM

Das höchste Haus Österreichs ist zwar der im April 2014 auf der sogenannten Donauplatte eröffnete erste der beiden **DC Towers** 9 mit 250 m › mehr S. 16 Punkt 29 Höchstes Bauwerk ist aber nach wie vor der in Sichtweite befindliche **Donauturm** mit 252 m (inkl. Antennenanlage). Zum Wiener Wahrzeichen führen die Buslinie 20 B oder ein Spaziergang durch den Donaupark nordwärts. Ein Expresslift bringt die Besucher in ca. 30 Sekunden auf die Aussichtsterrasse in 150 m Höhe. Von dort eröffnet sich ein Traumblick auf Stadt, Wienerwald und Marchfeld (tgl. 10–24 Uhr, letzte Auffahrt 23.30 Uhr; www.donauturm.at). Internationale und Wiener Schmankerl samt Panorama genießt man im **Drehrestaurant und -café** €€ (tgl. 11.30–16, 18–24 Uhr, Tischreservierung: Tel. 263 35 72).

WIENS NORDWESTEN

Der Heiligenstädter Karl-Marx-Hof steht als Symbol für das »Rote Wien«

Vor den Toren Wiens laden die Bergrücken des Wienerwalds zu Rundfahrten und Wanderungen ein, die Winzerorte Grinzing und Heiligenstadt zur Einkehr in einem ihrer berühmten Heurigen mit Wein, Jause und Musik.

Ein Spaziergang durch die Gassen von Heiligenstadt oder Grinzing ist ein vortrefflicher Tagesabschluss. Zum einen, weil dort manch kulturhistorische Sehenswürdigkeit, vom Beethovenhaus über das Mahlergrab bis zum Karl-Marx-Hof, dem Vorzeigeprojekt des »Roten Wien«, der Entdeckung harrt. Außerdem kann, wer gut zu Fuß ist, durch Weingärten und Wälder bis auf die Gipfel der beiden Wiener Hausberge, den Kahlen- und den Leopoldsberg, wandern. Zwei bis drei Stunden sind dafür ausreichend, und am Ziel wartet ein Traumblick hinab auf die Stadt und den Strom.

Vor allem aber empfiehlt sich ein Besuch des Nordwestens der Stadt, weil es kaum Entspannenderes gibt, als die letzten Sonnenstrahlen in einem Heurigen zu Füßen idyllischer Weinberge zu genießen. Viele ehemalige Dörfer an der Peripherie, die im 19. Jh. eingemeindet wurden, haben ihre Tradition als Weinbaugemeinden bis in die Gegenwart bewahrt. Nussdorf, Sievering, Salmannsdorf und Neustift beispielsweise, aber auch Mauer und Oberlaa im Süden sowie Strebersdorf und Stammersdorf nördlich der Donau gelten unter Einheimischen als Refugien der Gemütlichkeit, in denen sich an lauen Sommerabenden gut sitzen lässt. Diesbezüglich meist frequentierter Ort ist, allen Unkenrufen über eine allzu hemmungslose »Touristisierung« zum Trotz, das weltberühmte, mit namhaften Heurigenlokalen reich bestückte Winzerdorf Grinzing.

Neben den Heurigen ist in Grinzing auch die Pfarrkirche sehenswert

TOUR DURCH DIE STADTVIERTEL

TOUR 6

GRINZING UND HAUSBERGE

VERLAUF: Karl-Marx-Hof > Beethoven-Gedenkstätten > Grinzing > Kahlenberg > Leopoldsberg

KARTE: Seite 136
DAUER: 3–4 Std. (ohne Einkehr)
PRAKTISCHE HINWEISE:

- Grinzing sowie der Kahlen- und Leopoldsberg sind per Bus 38 A ab U 4 »Heiligenstadt« erreichbar. Den Karl-Marx-Hof erreicht man von der U-Bahnhaltestelle zu Fuß.

TOUR-START: KARL-MARX-HOF 1

Der Karl-Marx-Hof im 19. Bezirk Heiligenstadt entstand 1927–1930 und stand als Symbol für das »Rote Wien«, wie die damals sozialdemokratisch regierte Stadt bezeichnet wurde. Sie hatte nach dem Zusammenbruch der Donaumonarchie und der Reduzierung des Staatsgebietes auf ein Siebtel seiner Größe ein enorm schweres Erbe angetreten. Ein Drittel aller Österreicher lebte in Wien, menschenwürdiger Wohnraum war Mangelware. Innerhalb von nur 15 Jahren wurden 60 000 neue Wohnungen gebaut, welche die Arbeiter aus ihren schäbigen Mietskasernen befreiten. Allein 1600 Wohneinheiten umfasste der 1200 m lange Karl-Marx-Hof. Welch realen Hintergrund die Idee von der Solidarisierung nach innen und der Abwehr nach außen hatte, zeigte sich 1934, als der spätexpressionistische Block im Bürgerkrieg Zentrum der Auseinandersetzungen zwischen der regierungstreuen austrofaschistischen Heimwehr und den Widerstandskämpfern des republikanischen Schutzbunds war.

Im **Waschsalon Nr. 2** präsentiert eine Dauerausstellung zum Roten Wien dessen Historie sowie Aspekte des kommunalen Wohnungsbaus und der Kulturarbeit (Do 13–18, So 12–16 Uhr; Halteraugasse 7, www.dasrotewien-waschsalon.at).

BEETHOVEN-STÄTTEN

Ein Spaziergang im nordöstlichen Ausläufern des Wienerwalds empfiehlt sich nicht nur für Wein-, sondern auch für Musikliebhaber. Denn hier folgt man den Spuren Ludwig van Beethovens und auch Franz Schuberts, die sich gern von der Natur inspirieren ließen.

In **Heiligenstadt** steht ein Haus, das für Ludwig van Beethovens Biografie von zentraler Bedeutung war, obwohl er darin nur einige Monate lebte. Es war lange Zeit als Heiligenstädter Testament-Haus bekannt, weil der Meister aus Bonn darin seinen berühmten Letzten Willen verfasste und seine Schwerhörigkeit offenbarte. Seit 2017 präsentiert

0
500 m
N
Höhenstraße
Leopoldsberg
▲ 425
5
St. Leopold
Höhenstraße
Kahlenberg
▲ 484
St. Joseph
4
Suite Hotel
Villenweg
Josefsdorf
Kahlenbergerdorf
Waldbachsteig
St.-G
Eisernenhandg.
Jungherrnsteig
Kahlenberger Str.
Weinberg
6
Unterer Weisleitenweg
▲ 332
Krapfenwaldlbad
Mukenthalerweg
Weinberg
Kahlenberger Str.
Nussberg
Eichelhofweg
Weinberg
Krapfenwaldgasse
Wildgrubgasse
Heiligenst. Friedhof
Weingrubg.
6
Ob. Reisenbergweg
Cobenzlgasse
Krapfenwaldgasse
Unterer Schreiberweg
Grinzinger Steig
Schreiberweg
Langacke
Paula-Wessely-Weg
Hl.-Kreuz-Kirche
Himmelstraße
6
Grinzing
3
Straßerg.
Rosenweg
Grinzinger Friedhof
Mannagettasteig
Sandgasse
Grinzinger Str.
Kaasgraben-kirche
Reinischg.
Ettingsg.
A.d.Ign.Lüssen
Aslang.
Huschkag.
Hungerberg
▲ 242
Hornspergsteig
steig
Kaasgrabengasse
Grinzinger Allee
Haubenbiglstr.
Hungerbergstr.
Schul
Formanekg.
Silberg.
Daringerg.
Paradisgasse

sich das stimmungsvolle Anwesen komplett neu gestaltet und erweitert als **Beethoven Museum** 2, das umfassend über Leben und Werk seines prominenten Ex-Bewohners informiert (Di–So 10–13, 14–18 Uhr, 7 €, unter 19 J. und jeden 1. So im Monat Eintritt frei; Probusgasse 6, www.wienmuseum.at).

Der sogenannte **Beethovengang** entlang des Schreiberbachs und der Weinberge war ein Lieblingsweg des Komponisten.

GRINZING 3 12

Für viele Wienbesucher ist Grinzing – benannt nach dem Geschlecht der Grunzingen, die hier schon im 12. Jh. ihren Adelssitz hatten – der Inbegriff eines Heurigenortes. Rund um den **Hauptplatz**, an der Sand- und Cobenzlgasse sowie der Grinzinger Straße reihen sich Gartenschenken wie »Alter Bach-Hengl«, »Zum Martin Sepp« oder »Feuerwehr-Wagner«. Sie bieten den oft mehreren Hundert Gästen zu ihren Weinen ein üppiges Buffet und bewährte Livemusik mit Gesang. Trotz des saisonalen Trubels hat sich Grinzing mit seinen verwinkelten Gassen und Weingärten noch seinen dörfliche Charme bewahrt.

Einen Schlenker wert ist die spätgotische **Heilig-Kreuz-Kirche** (Himmelstr. 25) mit stimmungsvollem barockem Inneren, ebenso der **Grinzinger Friedhof** (An den langen Lüssen 33). Hier ruhen einige Persönlichkeiten wie Gustav Mahler und Alma Mahler-Werfel, Heimito von Doderer, Thomas Bernhard oder Peter Alexander.

DER WIENER HEURIGE

Mayer am Pfarrplatz ist ein typischer traditioneller Heuriger in Heiligenstadt

Für Uneingeweihte sind alle Lokalitäten, in denen man in malerischen Innenhöfen oder Gewölben Wein trinkt, der Musik lauscht und Stelze oder kaltes Geflügel mit Gurkensalat und Salzstangerl isst, Heurige. Kennern blutet ob solcher Pauschalisierung freilich das Herz. Denn vieles, was einem echten Heurigen auf den ersten Blick täuschend ähneln mag, ist auf den zweiten eine schnöde Gaststätte oder Weinschenke, die, um Touristen anzulocken, zwar auch ein reichhaltiges Buffet, Instrumentalmusik und Gesang anbietet, in Wirklichkeit aber die Heurigenstimmung nur vorgaukelt. Die Preise sind in solchen Massenabfertigungsbetrieben meist hoch und die Weine – dies ist der entscheidende Unterschied – von irgendwo zugekauft und zudem häufig mittelmäßig bis schwer bekömmlich.

Echte Heurigenlokale hingegen, man nennt sie auch »Buschenschenken«, sind meist kleiner, stiller und preiswerter. Sie kredenzen in den charakteristischen Viertelliter-Henkelgläsern ausnahmslos Weine aus Eigenbau – vorwiegend aus der letzten Lese stammende, die deshalb den etwas verwirrenden Namen Heurige tragen. Sie gelten im Allgemeinen als leicht, also alkoholarm, fruchtig und spritzig. Besonders gefragt ist bei Stammgästen dabei der sogenannte »Gemischte Satz«, eine Mischung verschiedener im Weingarten ausgepflanzter Rebsorten, deren Trauben gemeinsam gelesen und gekeltert werden. Auch hier wird musiziert, allerdings nicht, wie bereits mancherorts, mit Hammondorgel und Verstärker, sondern beinahe wie zu Zeiten der Brüder Schrammel. Die hatten vor rund 100

Jahren mit ihrem Quartett das Genre der Schrammelmusik begründet. Einziger Unterschied zu damals: Statt eines Klarinettisten spielt heute neben zwei Geigern und dem Gitarristen ein Ziehharmonikaspieler.

Die Ursprünge der Heurigen liegen im Spätmittelalter, als Weingärten große Flächen außerhalb und innerhalb der Stadtmauern einnahmen. Damals gehörten sogenannte Kellerausrufer zum gewohnten Straßenbild. Sie warben lauthals für neu eröffnete Kellerlokale und verteilten aus kleinen Fässern Kostproben. Die Ernteerträge waren damals so enorm, dass vom Kaiser höchstselbst erlassene Dekrete nicht nur das Anlegen neuer Gärten verboten, sondern wenig später sogar befahlen, saure Weine zum Anrühren des Mörtels für den Stephansdom zu verwenden.

Durch die Türkenbelagerung erlitten die Weingärten dann großen Schaden. Weinsteuern, das Aufkommen von Bier und Kaffee und schließlich die Reblaus hatten den Weinbau beinahe vollkommen ruiniert. Die Winzer verarmten und kamen erst nach dem Zweiten Weltkrieg allmählich wieder zu einigermaßen Wohlstand.

Gegenwärtig sind es immerhin rund 600 meist kleine registrierte Weinbaubetriebe, darunter ein knappes Drittel konzessionierte Buschenschenker, die über 600 ha Rebfläche bewirtschaften. Sie produzieren im Durchschnitt 2,4 Mio. Liter im Jahr, von denen rund 95 % in Heurigen verkauft werden.

AUSG'STECKTE HEURIGE – BUSCHENSCHENKEN

Das Wiener Buschenschankgesetz regelt den Ausschank von Wein, Most und Saft aus eigener Produktion im Detail und soll so die original Heurigen vor der Konkurrenz durch die hemmungslos kommerzialisierten Pseudo-Heurigen schützen. Einerseits beschränkt es zwar die Dauer der jährlichen Ausschankzeit, erlaubt aber, in diesen Monaten an der Hausmauer als Qualitätskennzeichen einen grünen Föhrenbusch und eine Tafel mit der Inschrift »Ausg'steckt« anzubringen.

Wer originäre Heurige sucht, findet diese auch in den Tageszeitungen unter der Rubrik »Ausg'steckt« sowie im Zentrum der Weinbauorte an speziellen Informationstafeln › **auch S. 35, 138**. Seit 1989 weisen darüber hinaus an den Eingängen zu Qualitätsbetrieben Gütezeichen mit dem Schriftzug »Original Wiener Heuriger« darauf hin, dass dort eigene Hausweine ausgeschenkt werden. Bodenständige Buschenschenken lassen sich durchaus auch in unmittelbarer Nachbarschaft der Grinzinger und Neustifter Nobel- und Massenheurigen entdecken. Doch um einiges größer ist die Trefferquote in den von Touristen selten frequentierten Winzerrevieren, etwa in Sievering, Salmannsdorf, Pötzleinsdorf oder im Kahlenbergerdorf (alle an den Hängen des Wienerwalds gelegen), in Mauer, Kalksburg und Rodaun (an der südlichen Stadtgrenze) oder – jenseits der Donau – in Stammersdorf und Strebersdorf.

Karte S. 121

AUTHENTISCHE HEURIGE

- **Buschenschank Haslinger**
  Der traditionelle Sieveringer Buschenschank mit schönem Laubenhof und Dachterrasse ist eine gemütliche Alternative zu den Grinzinger Großheurigen. > S. 35.
  U 4 Heiligenstadt, Bus 39 A
- **Müllers**
  Der liebevoll geführte Weingut-Heurige im Herzen von Grinzing zählt zu den angesehensten Traditionsadressen. Gut sind, neben den Weinen Marke Eigenbau, speziell auch die Mehlspeisen.
  > mehr S. 14 Punkt 15
  19. | Cobenzlgasse 38
  Tel. 0680 550 90 08
  www.muellers-heuriger.at
  Straßenbahn 38
- **Wieninger**
  Der Pionier und mittlerweile Star unter Wiens jungen Weltklasse-Winzern. Spezialitäten sind Chardonnay und »G'mischter Satz«
  > mehr S. 17 Punkt 37
  21. | Stammersdorfer Str. 78
  Tel. 292 41 06
  www.heuriger-wieninger.at
  U 6 Floridsdorf, Straßenbahn 31
- **Zahel**
  Noch ein Star der jungen, qualitätsbewussten Winzergarde, zu Hause in besten Weinlagen am Südrand von Wien.
  23. | Maurer Hauptplatz 9
  Tel. 889 13 18 | www.zahel.at
  U 4 Hietzing, Straßenbahn 60, Bus 60 A

KAHLENBERG 4 UND LEOPOLDSBERG 5

Der Weg auf den Kahlenberg führt von Grinzing über den Grinzinger Steig ins Mukental und durch Weingärten und Wald hinauf: oder über die Höhenstraße, die vom Leopoldsberg etwa 15 km über Kahlenberg und Cobenzl > mehr S. 12 Punkt 5 zur Rohrerwiese und am Lokal »Häuserl am Roan« vorbei bis Neuwaldegg führt. An schönen Wochenenden sind hier Tausende motorisierte (!) Ausflügler unterwegs.

Auf dem **Kahlenberg** wird die große Aussichtsterrasse überragt von der **Kirche St. Josef** mit der Sobieski-Kapelle. Sie erinnert an die Schlacht vom 12.9.1683, in der die abendländischen Heere unter Karl von Lothringen und dem Polenkönig Jan Sobieski die türkischen Besatzer in die Flucht geschlagen haben. Am Morgen des Schicksalstages soll Marco d'Aviano in der Vorgängerkirche eine Messe gelesen haben, die die Wiener später für den Sieg mitverantwortlich machten.

In Wahrheit hielt der Kapuzinerpater den Gottesdienst in der Kirche auf dem **Leopoldsberg.** Denn dieser nordöstlichste Hügel der Alpen hieß einst »Kahlenberg«, bevor man ihn zu Ehren von Kaiser Leopold I. umtaufte. Die **Leopoldsburg,** die Markgraf Leopold III. um 1100 als Residenz erbaut haben soll, diente Herzog Albrecht I. 1287 als Zuflucht vor den aufständischen Wienern. Im 15. Jh. verschanzten die Wiener sich hier vor den Truppen Albrechts VI., die Türken zerstörten die Burg dann großteils im 16. Jh.

AUSFLÜGE & EXTRA-TOUREN

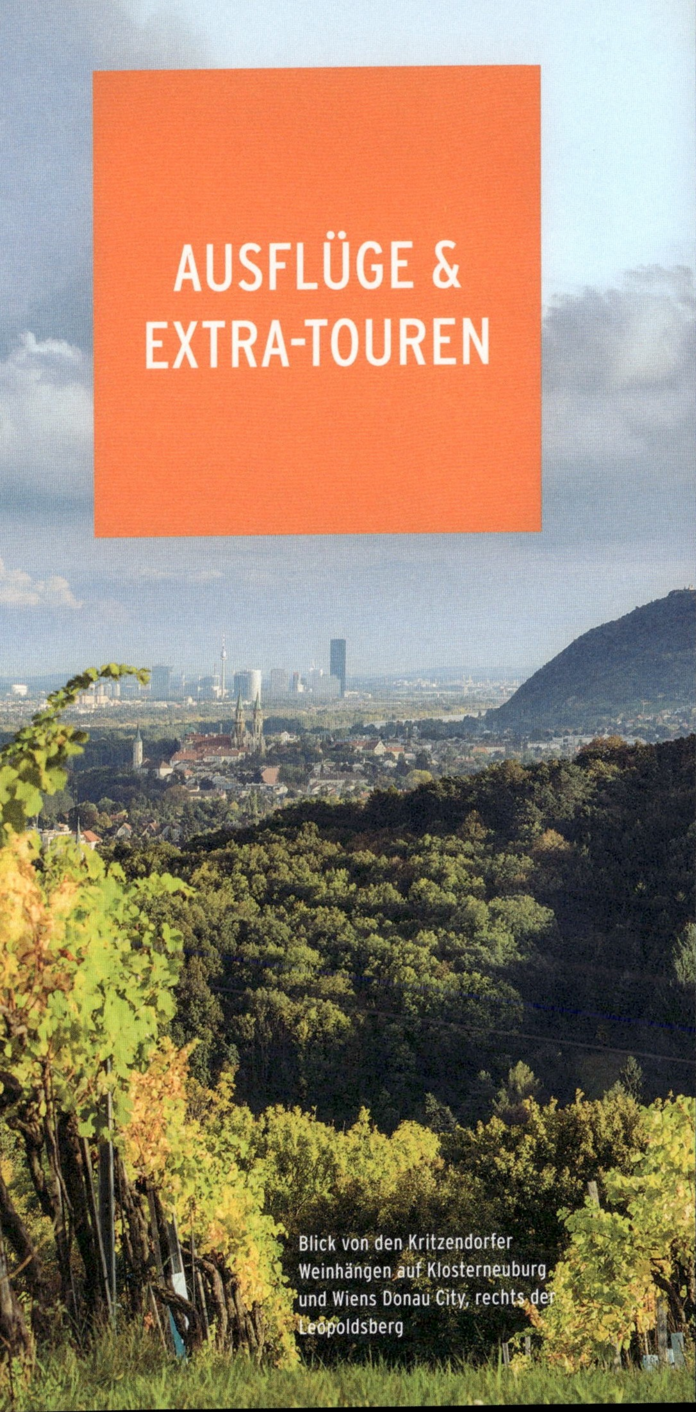

Blick von den Kritzendorfer Weinhängen auf Klosterneuburg und Wiens Donau City, rechts der Leopoldsberg

Auch Wiens Umland hat viel zu bieten: prächtige Klöster, die Thermen- und Weinregion südlich mit der Kur- und Kaiserstadt Baden, Römererbe in Carnuntum oder Bootsfahrten in der Seegrotte und durch die Donauauen.

AUSFLÜGE

KLOSTERNEUBURG

Wien > Stift Klosterneuburg > Museum Gugging

KARTE: Seite 143
DAUER: halber bis ganzer Tag
PRAKTISCHE HINWEISE:

- Stift Klosterneuburg erreicht man per Bahn ab 9., Franz-Josefs-Bhf. oder ab U 6 Spittelau mit S 40 bzw. ab U 4 Heiligenstadt mit Bus 238, 239 (25 bzw. 10 Min. Fußweg).
- Öffnungszeiten Stift Mai–Mitte Nov. tgl. 9–18, Mitte Nov.–April 10–16 Uhr, Eintritt ab 11 €, Tageskarte 13 €. Führungen 10.30–15.45 Uhr etwa stündlich in verschiedenen Varianten: Sakrale, Habsburger, Schatzkammer- und auch Weinkellertour, letztere mit Verkostung in der Klosterkellerei (tgl. 15, Sa/So auch 13 Uhr, außer in der Lesezeit).
- Infos zum Stift unter www.stift-klosterneuburg.at, zur Stadt unter www.klosterneuburg.net

AUGUSTINER-CHORHERRENSTIFT 1 ★

Klosterneuburg liegt gleich hinter der nördlichen Stadtgrenze Wiens an der Donau und hat einen schönen, 700 Jahren alten Ortskern. Doch nur wenige haben dafür Augen angesichts des monumentalen Augustiner-Chorherrenstifts.

Die Legende besagt, dass Agnes, die Gemahlin des Babenbergers Leopold III., ihren Brautschleier an den Wind verlor, als sie auf dem Söller der Burg auf dem heutigen Leopoldsberg > S. 138 stand. Wundersamerweise fand man ihn später unten in den Donauauen wieder. Der fromme Markgraf deutete dies als Zeichen, dass er an dieser Stelle ein Kloster erbauen sollte. Wenig später übergab er es den Augustinern, die das Stift mit ihren geografischen und astronomischen Forschungen zum wissenschaftlichen Zentrum machten. Nachdem das wehrhafte Stift beiden Türkenbelagerungen standgehalten hatte, beschloss Karl VI., es nach dem Vorbild des Escorial bei Madrid zu einem Klosterpalast auszubauen zu einem Symbol der Habsburgermonarchie und des Hl. Römischen Reiches Deutscher Nation. Joseph Emanuel Fischer von Erlach plante einen Komplex aus vielen Gebäuden mit neun Kuppeln, gruppiert um vier Höfe. Der Mailänder Architekt Donato Felice d'Allio konnte den Bau jedoch aus finanziellen Gründen, und weil der Auftrag-

Sogenannte Art Brut im Museum Gugging

geber 1740 starb, nie vollenden. Erst 100 Jahre später brachte Josef Kornhäusel das Kloster in kleineren Dimensionen zum Abschluss. Doch auch das Resultat dieser Selbstbescheidung ist imposant genug.

Der Gebäudekomplex gliedert sich in zwei Teile. Im romanisch-gotischen Bereich verdienen v.a. der **Kreuzgang,** die große **Lichtsäule** und die barockisierte **Stiftskirche** mit ihrem prächtigen Chorgestühl, der Kanzel und der großen Orgel Beachtung. Im Barocktrakt sind vor allem die **Kaiserstiege,** die **Kaiserzimmer** und der **Marmorsaal** sehenswert. Überragt wird er von zwei riesigen kupfernen Kuppeln, deren eine die Nachbildung der deutschen Kaiserkrone, die andere den österreichischen Erzherzogshut trägt.

Die größte **Stiftsbibliothek** Österreichs besitzt über 160 000 Bänden, ein **Museum** mit wertvollen Goldschmiede-, Bronze- und Elfenbeinarbeiten und auch eine **Schatzkammer.** Nicht vorbeigehen darf man an der größten Kostbarkeit des Stiftsinventars: dem **Verduner Altar** in der Leopoldskapelle. Dieser Höhepunkt mittelalterlicher Emaillierkunst wurde Ende des 12. Jhs. von dem lothringischen Kunstschmied Nikolaus von Verdun geschaffen und besteht aus 51 vergoldeten Täfelchen, die Szenen aus dem Alten und Neuen Testament zeigen.

Auch dem labyrinthischen **Weinkellerensemble** sollte man einen Besuch abstatten. Was die klostereigene Kellerei hervorbringt, verdient höchstes Lob > mehr S. 15 Punkt 19

MUSEUM GUGGING 2

Eine weitere Attraktion Klosterneuburgs ist das **Art Brut Center** im Ortsteil Maria Gugging (6 km ab Zentrum). Das Museum Gugging zeigt hier Werke der von Leo Navratil kunst-psychotherapeutisch betreuten Gugginger Künstlergruppe (Sommer Di–So 10–18, Winter 10 bis 17 Uhr; www.gugging.at).

Karte S. 143

RESTAURANT

Poseidon €€

Authentischer Familienbetrieb mit hervorragenden griechischen Spezialitäten, insbesondere Meeresfrüchten.

- Kierlinger Str. 47a | 3400 Klosterneuburg
  Tel. 022 43/3 36 34
  www.poseidon-klosterneuburg.at
  Tgl. 11–15 u. 17–24 Uhr

THERMEN- UND WEINREGION

Wien › Perchtoldsdorf › Mödling › Hinterbrühl › Gumpoldskirchen

KARTE: Seite 143

DAUER: Mindestens 1 Tag, bei längerem Aufenthalt bieten die Winzerdörfer gute Unterkünfte.

PRAKTISCHE HINWEISE:

- S 9 von Meidling nach Perchtoldsdorf (13 Min.), Mödling (18 Min.) und Gumpoldskirchen (34 Min.).
- Zur Burg Liechtenstein gelangt man zu Fuß von Maria Enzersdorf in 15 Min., oder ab Schnellbahn Mödling Bus 262 bis Urlaubskreuzstraße, gut 5 Min. Fußweg.

Südlich von Wien reihen sich auf einer nur 30 km langen Strecke idyllische Orte, in denen die Wiener schon während des Biedermeiers gerne ihre Sommerfrischen verbrachten. Die Gegend heißt dank ihrer heilkräftigen Quellen auch »Thermenregion«. Ihr Hinterland, der südliche Wienerwald, ist ein ideales Wandergebiet. Das Weinbaugebiet am Rande des Wienerwalds liefert hervorragende, in aller Welt geschätzte Produkte. Dennoch sind einige Orte noch nicht so bekannt – zum Glück!

PERCHTOLDSDORF 3

Ein erster, sehr malerischer Winzerort gleich hinter Wiens Stadtgrenze, ist »Petersdorf«, wie er im Volksmund heißt. Hier gibt es bodenständige Buschenschanken, die bislang noch kaum von Reiseveranstaltern entdeckt wurden. Kunstinteressierte blicken aber nicht nur ins Heurigenglas, sondern auch in die dreischiffige spätgotische **Hallenkirche,** das stattliche **Rathaus** und die **Herzogsburg** aus dem 14. Jh. mit Karner und frei stehenden Wehrturm.

Vom nahen **Maria Enzersdorf** führen Spazierwege hinauf zur **Burg Liechtenstein,** einer der ganz wenigen großen, im Kern romanischen Profanbauten Niederösterreichs (Bes. nur im Rahmen von Führungen; www.burgliechtenstein.eu).

MÖDLING 4 UND HINTERBRÜHL 5

Nicht minder liebenswert ist das nahe **Mödling** mit seinen spätgotischen und barocken Bürgerhäusern. Im 19. Jh. zogen sich Künstler wie Beethoven, Schubert, Hugo Wolf und Franz Grillparzer aus der Großstadt in das beschauliche Städtchen zurück.

Ein beliebter Ausflug führt von hier wenige Kilometer westwärts in die **Hinterbrühl.** Das Seitental wurde schon im 19. Jh. von vielen Künstlern ob seiner Romantik gepriesen. Die **Höldrichsmühle,** jener

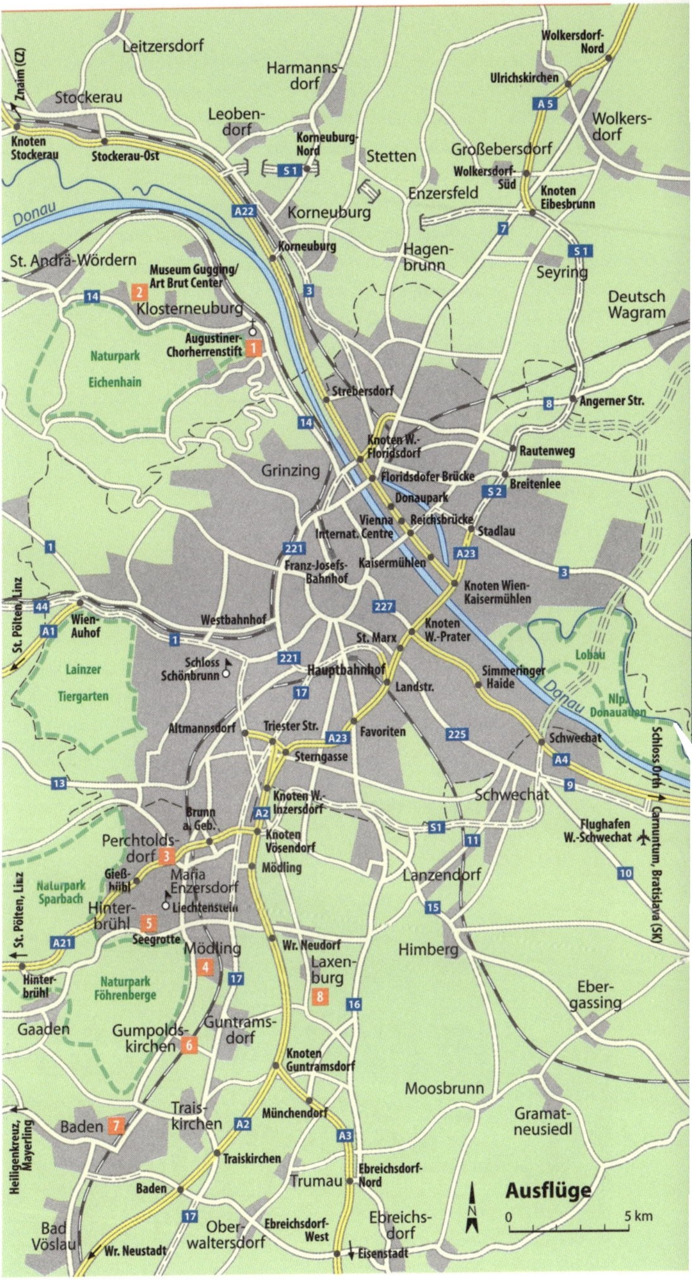
Ausflüge
0
5 km
Leitzersdorf
Harmannsdorf
Stockerau
Leobendorf
Znaim (CZ)
Knoten Stockerau
Stockerau-Ost
Korneuburg-Nord
Stetten
Großebersdorf
Wolkersdorf-Nord
Ulrichskirchen
Wolkersdorf
Wolkersdorf-Süd
Knoten Eibesbrunn
Enzersfeld
Korneuburg
Donau
St. Andrä-Wördern
Museum Gugging/ Art Brut Center
Hagenbrunn
Seyring
Deutsch Wagram
Klosterneuburg
Augustiner-Chorherrenstift
Naturpark Eichenhain
Strebersdorf
Angerner Str.
Knoten W.-Floridsdorf
Rautenweg
Grinzing
Floridsdofer Brücke
Breitenlee
Donaupark
Vienna Internat. Centre
Reichsbrücke
Stadlau
Franz-Josefs-Bahnhof
Kaisermühlen
Knoten Wien-Kaisermühlen
St. Pölten, Linz
Wien-Auhof
Westbahnhof
St. Marx
Knoten W.-Prater
Lainzer Tiergarten
Schloss Schönbrunn
Hauptbahnhof
Landstr.
Simmeringer Haide
Lobau
Nlp. Donauauen
Altmannsdorf
Triester Str.
Favoriten
Sterngasse
Schwechat
Schloss Orth
Knoten W.-Inzersdorf
Brunn a. Geb.
Knoten Vösendorf
Flughafen W.-Schwechat
Carnuntum, Bratislava (SK)
Perchtoldsdorf
Mödling
Gießhübl
Maria Enzersdorf
Liechtenstein
Naturpark Sparbach
Lanzendorf
Hinterbrühl
Seegrotte
Wr. Neudorf
Himberg
Laxenburg
Naturpark Föhrenberge
Ebergassing
Gaaden
Gumpoldskirchen
Guntramsdorf
Knoten Guntramsdorf
Moosbrunn
Münchendorf
Gramatneusiedl
Heiligenkreuz, Mayerling
Baden
Traiskirchen
Ebreichsdorf-Nord
Trumau
Ebreichsdorf-West
Ebreichsdorf
Bad Vöslau
Oberwaltersdorf
Wr. Neustadt
Eisenstadt

bekannte Gasthof, dessen idyllische Lage angeblich Schubert zu seinem Liederzyklus »Die Schöne Müllerin« und zum »Lindenbaum« anregte, ist bis heute in Betrieb (€€, Gaadnerstr. 34, www.hoeldrichsmuehle.at). Eine weitere Attraktion ist die **Seegrotte,** der mit 6200 m^2 größte Höhlensee Europas (Bootsfahrten April–Okt. tgl. 9–17, Nov. bis März Mo–Fr 9–15, Sa/So/Fei 9–15.30 Uhr; www.seegrotte.at).

GUMPOLDSKIRCHEN 6

Geradezu ein Muss, nicht nur für Freunde edlen Rebensafts, ist ein Besuch im weltberühmten Winzerdorf Gumpoldskirchen, wo eine Vielzahl malerischer und auch künstlerisch wertvoller **Hauerhäuser** zum Flanieren lockt. In einem von ihnen nicht ein Gläschen Rotgipfler oder Rheinriesling zu verkosten, wäre geradezu eine Sünde wider das eigene Wohlbefinden.

Hier residiert auch eines der ältestes Weingüter Österreichs: **Freigut Thallern** wird seit 1141 von den Zisterziensern des Stiftes Heiligenkreuz bewirtschaftet (www.freigut-thallern.at). Im Mai werden die Pforten des **Deutschordensschlosses** für ein Weinfest geöffnet.

BADEN 7 UND UMGEBUNG

Wien > Baden > Heiligenkreuz > Mayerling

KARTE: Seite 143
DAUER: 1–2 Tage
PRAKTISCHE HINWEISE:

- S 3 von Meidling nach Baden (26 bis 40 Min.). Nach Heiligenkreuz ab Baden-Bhf. per Bus (div. Linien, 19 Min.), nach Mayerling (26 Min.).
- Info zu Baden: www.baden.at

Das 1812 eröffnete Stadttheater Baden

- Römertherme tgl. 9–22 Uhr, www.roemertherme.at.
- Stift Heiligenkreuz: Führungen tgl. 10, 11, 14, 15, 16 Uhr, So, Fei erste Führung 11 Uhr, im Winterhalbjahr nur nach Anm., Tel. 022 58/87 03-0, www.stift-heiligenkreuz.org
- Karmel Mayerling / Kronprinz Rudolf Gedächtnisstätte: April–Okt. tgl. 9–17, Nov.–März Sa/ So/Fei 9–16.30, Di–Fr 10.30–13 Uhr www.karmel-mayerling.org

Baden bei Wien liegt an der sog. »Thermenlinie«, einem in Nord-Süd-Richtung verlaufenden geologischen Bruch. Das Rheuma-Heilbad mit der Heilwirkung seiner bis zu 36 °C warmen Schwefelquellen haben schon die Römer genossen. Zu Zeiten der Monarchie tummelten sich in den Bädern und im weitläufigen Kurpark Kaiser, Könige und prominente Staatsmänner. Die Gästeliste liest sich aber auch wie ein »Who is who« der Kunst: Mozart, Beethoven, Schubert, Strauß Vater und Sohn, Carl Maria von Weber, Liszt, Ferdinand Raimund, Adalbert Stifter, die Maler Waldmüller, Schwind , Rudolf von Alt …

Kein Wunder, dass sich in der Fußgängerzone eine klassizistische Fassade an die andere reiht. Auch wenn heute das gewöhnliche Volk Baden aufsucht, um seine Wehwehchen bei kultureller Kurzweil auszukurieren – seine beschauliche altösterreichische Atmosphäre hat sich das Städtchen bewahrt. Von Interesse sind hier das **Kaiserhaus,** die **Stephanskirche,** das städtische **Rollett-** sowie das **Puppen- und Spielzeugmuseum,** das **Beethovenhaus** und das große **Kasino** im Kurpark. Wellness pur bietet die **Römertherme,** eine hypermodernen, 900 m² großen Badelandschaft (www.roemertherme.at).

HOTEL

Hotel Herzoghof €€€

Elegantes Stadthotel im Gründerzeitstil in Nähe der Fußgängerzone entfernt.

- Kaiser-Franz-Ring 10 | 2500 Baden Tel. 022 52/872 97 www.hotel-herzoghof.at

MAYERLING

Mayerling, 15 km westlich von Baden, ist mit seinem ehemaligen Jagdschloss gleichsam Synonym für eine Tragödie des österreichischen Kaiserhauses. Das verschlafene Nest erlangte 1889 durch den Doppelselbstmord von Kronprinz Rudolf und seiner Geliebten Mary Vetsera traurige Berühmtheit. Kaiser Franz Josef I. ließ nach dem tragischen Tod seines Sohnes das Jagdschloss umbauen und stiftete hier 1891 ein **Karmeliterinnenkloster.**

HEILIGENKREUZ ★

4 km östlich von Mayerling, in Heiligenkreuz, steht Niederösterreichs ältestes **Zisterzienserkloster.** Ein Rundgang führt in die romanische Stiftskirche mit ihren Altarbildern von Johann Michael Rottmayr und Martin Altomonte, in das frühgotische Brunnenhaus, den Kreuzgang, den Kapitelsaal und in die Sakristei mit wunderbaren Intarsienmöbeln.

LAXENBURG 8

KARTE: Seite 143
DAUER: halber bis ganzer Tag.
PRAKTISCHE HINWEISE:
- Ab Hauptbahnhof Wien ÖBB-Bus 200 (30 Min.).
- Schlosspark gänzjährig und ganztägig geöffnet, Franzensburg Führungen Ostern–Nov. tgl. 11, 12, 14, 15 Uhr; www.schloss-laxenburg.at

Rund 20 km südlich von Wien liegt das ehemals kaiserliche Jagd- und Lustschloss von Laxenburg. In seinem herrlichen, 200 ha großen Park erhebt sich auf einer Teichinsel die klassizistische **Franzensburg,** in der Kaiser Franz II. Anfang des 19. Jhs. aus Klöstern und Ruinen kostbare Ausstattungen wie Fenster, Türen und Holzvertäfelungen, Altäre, Möbel u. v. a. m. vereint hat.

Der Teich und Kanäle eignen sich wunderbar für eine Partie im zu mietenden Ruderboot. Sehenswert sind zudem beim Parkeingang das unter Maria Theresia errichtete **Alte Schloss** und der spätbarocke **Blaue Hof.**

NATIONALPARK DONAUAUEN

KARTE: Seite 143
DAUER: 1 Tag
PRAKTISCHE HINWEISE:
- Ab Wien-Mitte per Postbus und Schnellbahn bis Orth/Donau.
- Nationalparkzentrum Schloss Orth geöffnet Ende März–Sept. tgl. 9–18, Okt. 9–17, Nov.–Ende März Mo–Fr 9–13 Uhr nach Anm., Erw. 11 €, 6–19 Jahre 6 €; Schlossplatz 1, Tel. 022 1235 55, www.donauauen.at

Östlich von Wien erstreckt sich auf einer Länge von fast 50 km jene einzigartige Naturlandschaft, die 1984 dank aufsehenerregender Demonstrationen vor der Zerstörung durch ein Flusskraftwerk gerettet und 1996 zum weltweit ersten Auen-Nationalpark erklärt wurde.

Die Fahrt im Ausflugsboot oder Kanu durch die labyrinthischen Altarme garantiert ein unvergessliches Erlebnis. Eingangs empfehlenswert ist der Besuch des Nationalpark-Zentrums in **Schloss Orth,** mit Aussichtsturm, Unterwasserstation, Regionalmuseum, Foto- und Multimedia-Ausstellung.

CARNUNTUM

KARTE: Seite 143
DAUER: 2 Tage
PRAKTISCHE HINWEISE:
- Ab Praterstern U1 bzw. U3/U4, Wien Mitte mit Regio-S-Bahn 7 bis Petronell-Carnuntum (1 Std.), Fußweg ca. 10 Min.
- Archäologischer Park geöffnet Ostern bis Mitte Nov. tgl. 9–17 Uhr, Einlass bis 16 Uhr, Führungen Freilichtmuseum Sa–So 10,12, 14, 15.30 Uhr; www.carnuntum.at

Heidentor in Carnuntum

40 km östlich von Wien liegen **Bad Deutsch-Altenburg** und **Petronell,** Orte, die auf eine lange Geschichte zurückblicken. Das Südufer der Donau nahm einst die 50 000 Einwohner zählende Legions- und Zivilstadt Carnuntum ein, die den Limes bewachte. Sie war das pannonische Zentrum römischer Kultur, bis die Quaden 375 alles zerstörten.

Seit Jahrzehnten wird in dem Archäologischen Park Carnuntum Neues entdeckt: U. a. gehören das **Heidentor,** das **Amphitheater** und Reste des **Militärlagers** zu den wichtigsten Gebäuden im Freigelände. Neuerdings ist auch die Rekonstruktion eines altrömischen Wohnhauses zu sehen.

Die Statuen, Altäre, Werkzeuge und Schmuckstücke, die bei den Grabungen gefunden wurden, kann man im großen **Museum Carnuntinum** in Bad Deutsch-Altenburg (ca. 10 km östlich, Badgasse 40-46) bewundern.

Auch der Wein wird in der Region immer besser, sodass man im Sommer für zwei Wochen zu einem Erlebnisfestival »Carnuntum Experience« einlädt.

HOTEL UND RESTAURANT

Weingut Edelmann €€€

Da Carnuntum auch Weingegend ist, empfiehlt sich eine Übernachtung auf einem Weingut. Die Winzerfamilie Edelmann bietet ruhige Gästezimmer im Landhausstil.

• Rosenbergstr. 31 | 2464 Göttlesbrunn
Tel. 021 62/84 55
www.edelmann.co.at

Der Jungwirt €€

Johannes Jungwirth ist Koch mit Liebe für die Produkte der Bauern aus der Region. So wird eine ansprechende österreichische Küche serviert, die durch gute Weine ergänzt wird.

• Landstr. 36 | 2464 Göttlesbrunn
Tel. 021 62/89 43
www.derjungwirt.at
Do 17–23, Fr–So 11–23 Uhr

EXTRA-TOUREN

TOUR 7

EIN WOCHENENDE IN WIEN

VERLAUF: Staatsoper > Hofburg > Stephansdom > Ring > Wien Museum > Belvedere > Schönbrunn > Wienerwald > Grinzing

DAUER: Die Strecke von der Staatsoper über Hofburg und Stephansdom schaffen Sie gut zu Fuß an einem Vormittag, Besichtigungen inklusive. Der Nachmittag ist dann für den Spaziergang über den Ring vorgesehen. Tag zwei ist dem Wienflusstal mit seinen Museen sowie den Schlössern Belvedere und Schönbrunn gewidmet. An einem Abend bietet sich der Ausflug zu den Heurigen in Grinzing an.

VERKEHRSMITTEL:
Die meisten Sehenswürdigkeiten können Sie – gutes Schuhwerk und eine Grundkondition vorausgesetzt – erlaufen; die U-Bahn ermöglicht kleine Abkürzungen. Vom Belvedere nach Schönbrunn nehmen Sie am besten die U 4 ab Landstraße/Wien Mitte Richtung Ober St. Veit und steigen am Halt Schönbrunn aus. In den Wienerwald geht es per Kfz oder notfalls mit dem Öffi-Bus 38 A (Fahrzeit ca. 30 Min.). Auch Grinzing ist per Bus mit der Linie 38 A ab U-Bahnstation »Heiligenstadt« (U 4) erreichbar.

Die Donaumetropole und ihre unverzichtbaren Sehenswürdigkeiten für Eilige – kennengelernt auf drei innerstädtischen Streifzügen zu Fuß plus zwei, drei Kurzausflügen an die Peripherie: Der erste Spaziergang sollte gleich samstagmorgens ins **mittelalterliche Stadtherz** führen. Von der **Staatsoper** > S. 66 gelangt man über die Augustinerstraße, vorbei an Albertina und Augustinerkirche, zum Josefs- und weiter auf den Michaelerplatz, von wo man einen Abstecher in die Innenhöfe der **Hofburg** > S. 72 unternimmt. Über Kohlmarkt und Graben, die luxuriösesten Ladenstraßen der City, bummelt man durch die Fußgängerzone zu Wiens Wahrzeichen, dem gotischen **Stephansdom** > S. 82, erkundet dessen Inneres, erklimmt seinen Turm, erblickt Wien von oben und wandert schließlich weiter ostwärts. Durch ein Labyrinth enger Gässchen erreicht man den Dr.-Ignaz-Seipel-Platz. Über den Fleischmarkt führt der Weg nun westwärts ins ehemalige Judenviertel. Über **Hof** > S. 90 und **Freyung** > S. 90 kommt man durch das **Palais Ferstel** > S. 92 in die Herrengasse, die, gesäumt von zahlreichen schönen Adelspalästen, schnurgerade zurück zur **Staatsoper** führt.

Startpunkt für den nachmittäglichen Spaziergang über den **Ring** › S. 78 ist das am Donaukanal gelegene Volksbildungshaus, genannt **Urania** › S. 126. Besucher mit Zeitnot beginnen ihre Ringpromenade auf halbem Weg bei der Oper. Doch bereits im östlichen Halbkreis warten mit Otto Wagners **Postsparkassenamt** › S. 86, dem **Museum für Angewandte Kunst** › S. 86 und dem **Stadtpark** › S. 104 echte Highlights. Schlag auf Schlag folgen dann die architektonischen »Must Sees« westlich der Oper: **Kunst- und Naturhistorisches Museum** › S. 79, Heldenplatz mit **Neuer Hofburg** › S. 74, **Burgtheater** › S. 75, **Rathausplatz** › S. 76 mit **Neuem Rathaus** und **Parlament, Universität** und **Votivkirche** › S. 78, **Börse** › S. 78 ... Zwischendurch kann man in prachtvollen Parkanlagen immer wieder eine Pause einlegen.

Einen Rückgrat des Wiener Kulturlebens ist der zentrumsnahe – in diesem Abschnitt weitgehend überbaute – Teil des **Wienflusstales** › S. 96. Zwischen Naschmarkt und Stadtpark reiht sich Musentempel an Musentempel. Dazwischen findet sich so manches architektonische Juwel. Gleich zu Beginn der Route, vis-à-vis der U-4-Station Kettenbrückengasse, fallen die Jugendstilfassaden der **Otto-Wagner-Häuser** › S. 96 ins Auge. Ebenfalls an der Linken Wienzeile folgen **Theater an der Wien** › S. 98 und **Secession** › S. 99. Am nahen Karlsplatz zu besichtigen sind **Künstlerhaus** › S. 101, **Musikvereinsgebäude** › S. 102 und **Karlskirche** › S. 102 sowie – von außen unansehnlich, aber innen hochinteressant – das **Wien Museum** › S. 103. Von hier ist es nicht weit zum Oberen und Unteren **Schloss Belvedere** › S. 104, der Sommerresidenz des »Türkenbezwingers« Prinz Eugen, das als eine der schönsten Barockanlagen der Welt gilt und kostbare Kunstsammlungen birgt. Für Wien-Reisende ein Muss ist der Besuch von **Schloss Schönbrunn**

Der Musikverein mit dem »Goldenen Saal« ist eine Ikone Wienerischer Hochkultur

› S. 108, der Sommerresidenz der Habsburgerkaiser. Die Gloriette und der weltweit älteste Zoo im Schlosspark sind weitere Highlights.

Zum klassischen Kurzprogramm gehört eine **Wienerwald**-Fahrt über die Höhenstraße zum **Cobenzl** oder auf den **Kahlenberg** › S. 138. Die Aussicht auf Stadt, Strom und Wiener Becken entschädigt für die etwa halbstündige Anfahrt. Abends steht die Einkehr in einem der unzähligen **Heurigen** auf dem Programm. Am berühmtesten, aber leider auch entsprechend überlaufen sind die Lokale in **Grinzing** › S. 135.

TOUR 8

DURCH DIE VORSTADT

VERLAUF: Schuberts Geburtshaus › Gartenpalais Liechtenstein › Sigmund-Freud-Museum › Spittelberg › MuseumsQuartier

DAUER: Je nachdem, wie viele Museen Sie besuchen, können Sie diese Tour in 3 bis 4 Stunden absolvieren, aber auch auf 1 bis 2 Tage ausdehnen.

PRAKTISCHE HINWEISE:

Zu Schuberts Geburtshaus fahren die Straßenbahnen 37 und 38 ab U 2 Schottentor. Alles Weitere können Sie zu Fuß bewältigen. An Montagen sind mit Ausnahme des MuseumsQuartiers die Museen geschlossen.

Mit der über weite Strecken bis heute biedermeierlich geprägten westlichen Vorstadt, den Bezirken 9 bis 7, macht dieser Spaziergang bekannt. Er beginnt stilecht in **Schuberts Geburtshaus** › S.107 in der Nussdorfer Straße und führt danach erstmal zum **Gartenpalais Liechtenstein** › S. 78, einem atemberaubend prächtigen Gesamtkunstwerk aus der Barockzeit. Über die durch Heimito von Doderer literarisch verewigte Strudlhofstiege gelangt man in Wiens **Medizinerviertel:** das **Josephinum** › S. 123 mit seinen Wachspräparaten, das **Alte Allgemeine Krankenhaus** (heute Uni-Campus mit bunter Lokalszene) und das **Sigmund-Freud-Museum** › S. 77 sind hier die wichtigsten Stationen. Weiter schlendert man, vorbei an der **Piaristenkirche** und dem **Theater in der Josefstadt** bis auf den **Spittelberg** › S. 81. Der verströmt mit seinen von putzigen Fassaden gesäumten verkehrsfreien Gässchen noch das Flair des frühen 19. Jhs. Den Abschluss bildet das **MuseumsQuartier** › S. 80 mit seiner Kombination aus modernen und historischen Bauten, in dessen Kunstsammlungen, Veranstaltungsräumen und Innenhöfen man sich Stunden um Stunden verlustieren kann. Auch der Nachwuchs (Kindertheater und -museum) wird hier seine Freude haben.

TOUR 9

RUNDFAHRT PER SCHIFF

VERLAUF: Schwedenplatz > Reichsbrücke > Schwedenplatz
DAUER: ca. 3,5 Std. (kurze Variante ab/bis Reichsbrücke 2 Std.)
PRAKTISCHE HINWEISE:
Der Preis für die Rundfahrt beträgt 29 €, für die kurze Variante 23 € (Kombitickets mit einer Sehenswürdigkeit: www.ddsg-blue-danube.at unter »Linie Wien/Kombitickets«); Abfahrtszeiten ab Schwedenplatz 10.30, 11.30, 14, 15, im Sommer auch 16 Uhr, ab Reichsbrücke 12.30, 13.30, 16, 17, im Sommer auch 18 Uhr. Restaurant an Bord.

Ungewohnte, doch ebenfalls sehr reizvolle Perspektiven auf Wien eröffnet eine Panoramafahrt auf **Donau** und **Donaukanal** > mehr S. 16 Punkt 30. Dabei umrundet man an Bord eines modernen, komfortablen Ausflugsschiffes die gemeinsam eine Insel bildenden Bezirke 2 und 20. Zwei Ablege- bzw. Anlegeplätze stehen zur Wahl: die Reichsbrücke und der Schwedenplatz.

Vom zentraler gelegenen Anleger **Schwedenplatz** folgt die Route dem Donaukanal abwärts. Man passiert zunächst die **Urania** > S. 126, eine Anfang des 19. Jhs. von Max Fabiani erbaute Sternwarte, später das von Friedensreich Hundertwasser gestaltete **KunstHausWien** > S. 124 und die **Gasometer City** > S. 127, ein spektakuläres Beispiel zeitgenössischer Architektur. Dann erreicht man den Hauptstrom und das **Kraftwerk Freudenau.** Nachdem dessen Schleuse überwunden ist sieht man linker Hand die **Buddhistische Pagode** – übrigens Europas älteste –, das **Ernst-Happel-Stadion** (Praterstadion) und schließlich das **Riesenrad** > S. 119 im Prater sowie die **Franz-von-Assisi-Kirche** auf dem Mexikoplatz. Hier legt das Ausflugsschiff an, vis-à-vis recken sich die Glastürme der **UNO-City** > S. 130 und neuere moderne Bauten wie der **DC Tower** > S. 130 als mit 250 m höchster Wohn-/Bürobau des Landes, himmelwärts. Weiter geht es stromaufwärts, vorbei am 202 m hohen **Millenium Tower** (links) und dem mit Antennen nochmal 50 m höheren **Donauturm** > S. 130 (rechts). Nach dem Linksschwenk zurück in den Donaukanal passiert man die um 1900 von Otto Wagner geplante **Nussdorfer Schleuse.** Es folgt ein weiteres Baudenkmal Hundertwasser'scher Prägung: das **Fernheizwerk Spittelau.** Daneben steht, ebenfalls rechter Hand, der britisch anmutende Backsteinbau der **Rossauer Kaserne,** heute Sitz der Wiener Polizei. Kurz vor der Endstation kommen Wiens erster Wolkenkratzer, der **Ringturm** > S. 78, und wenig später die **Ruprechtskirche** > S. 87, Wiens ältestes Gotteshaus, in der Nähe des **Schwedenplatzes** in Sicht.

INFOS VON A–Z

ÄRZTLICHE VERSORGUNG

Mit der Europäischen Versicherungskarte (EHIC), die auf der Rückseite der Krankenversicherungskarte integriert ist, erhalten gesetzlich Versicherte in Österreich bei Vertragsärzten und in Krankenhäusern medizinische Leistungen entsprechend dem staatlichen Gesundheitssystem. Es ist möglich, dass das Krankenhaus einen Überweisungsschein eines Vertragsarztes benötigt, wenn es sich nicht um einen Notfall handelt. Zuzahlungen des Versicherungsnehmers werden nach österreichischem Recht erhoben und von den Krankenkassen nicht erstattet. Unkomplizierter wird die Reise, wenn man eine Reisekrankenversicherung abgeschlossen hat.

Bereitschafts- und Notdienste:

- Ärztefunkdienst: Tel. 141 (Mo–Fr 19–7 Uhr, Sa, So, Fei rund um die Uhr; auch Zahnarzt!)
- Ambulanz, Notarzt (»Rettung«): Tel. 144
- Gesundheitsberatungs-Hotline: Tel. 14 50
- Zahnärztlicher Nacht- und Wochenenddienst: Tel. 512 20 78
- Apotheken-Bereitschaftsdienst Tel. 14 55
- Telefonseelsorge: Tel. 142

BARRIEREFREIES REISEN

Viele Wiener Hotels sind behindertengerecht eingerichtet; in den meisten U-Bahn-Stationen gibt es Aufzüge. Schwieriger wird es aber in Straßenbahnen und Bussen sowie in einigen historischen Gebäuden.

Auskünfte erteilt die Tourist-Information › S. 153. Viele nützliche Hinweise findet man auch auf der Webseite www.wien.info unter »Reiseinfos« – »Wien barrierefrei«.

DIPLOMATISCHE VERTRETUNGEN

- **Deutsche Botschaft**
  1. | Gauermanngasse 2–4
  1010 Wien | Tel. +43 1 711 54-0
  www.wien.diplo.de
- **Schweizer Botschaft**
  3. | Prinz Eugen-Str. 9a
  1030 Wien | Tel. +43 1 795 05
  www.schweizerbotschaft.at

EINREISE

An der deutsch-österreichischen Grenze gibt es zwar i. d. R. keine Kontrollen, aber selbstverständlich müssen auch EU-Bürger immer einen Ausweis mitführen. Schweizer Staatsbürger benötigen für Aufenthalte bis zu drei Monaten nur die Identitätskarte. Kinder brauchen generell ein eigenes Ausweisdokument.

ERMÄSSIGUNGS-/ EINTRITTSKARTEN

- **Vienna City Card:** Freie Fahrt für 24 Std. (17 €), 48 Std. (25 €) od. 72 Std. (29 €) auf allen öffentlichen Verkehrsmitteln plus Ermäßigungen bei den meisten wichtigen Museen und Sehenswürdigkeiten, Theatern sowie bei best. Restaurants, Cafés, Geschäften etc.; erhältlich ist die Wien-Karte bei den Tourist-Infos › S. 153, Verkaufs- bzw. Informationsstellen der Wiener Linien, Info und Online-Kauf per App oder als Voucher zum Herunterladen bei www.viennacitycard.at.
- **Easy City Pass Wien:** Freie Fahrt im ÖV-Netz der Wiener Linien für 24 Std. (14,90 €), 48 Std. (19,90 €), 72 Std. (24,90 €) od. 1 Woche (29,90 €) inkl. ermäßigten Eintritt in Museen (www.easycitypass.com).
- **Niederösterreich-CARD:** Für die ausgiebige Erkundung von Wiens Umland. Die Karte gewährt bei über 300 Attrak-

tionen freien Eintritt. Zusätzlich gibt es in Kooperation mit 220 Wirten und 33 Vinotheken ein Bonuspunktesystem; Gültigkeitsdauer 1 Kalenderjahr, Erw. 61 €, Kinder bis 16 Jahre 31 € (www.niederoesterreich-card.at).

- **Tickets für Museen und Sehenswürdigkeiten:** Man sollte immer nach Kombi-Tickets, Familienkarten und weiteren Ermäßigungen fragen! Für die Dauerausstellungen des Wien Museums im Haupthaus > S. 103 und seinen Außenstellen ist der Eintritt am 1. So im Monat frei.

FEIERTAGE

Neujahr (1. Jan.); Heilige Drei Könige (6. Jan.); Ostermontag; Tag der Arbeit (1. Mai); Christi Himmelfahrt; Pfingstmontag; Fronleichnam; Mariä Himmelfahrt (15. Aug.); Nationalfeiertag (26. Okt.); Allerheiligen (1. Nov.); Mariä Empfängnis (8. Dez.); Weihnachten (25./26. Dez.)

FUNDBÜRO

Nach verlorenen Gegenständen erkundigt man sich zunächst bei der nächsten Polizeidienststelle oder, bei Verlust in öffentlichen Verkehrsmitteln, bei den Wiener Verkehrsbetrieben (Tel. 79 09-0). Erst nach einigen Tagen landen Fundsachen im **Zentralen Zentralen Fundservice bzw. -amt,** Tel. 4000 8091 (kostenfrei zu Bürozeiten) oder Tel. 0900 600 200 (1,36 €/Min; 24 Std.) bzw. www.fundamt.gv.at.

GELD UND WÄHRUNG

Die Landeswährung ist der Euro. Per EC-Karte mit Maestro-Zeichen oder (gängiger) Kreditkarte kann man an allen Bankautomaten Geld abheben. Kreditkarten werden fast überall akzeptiert.

HAUSTIERE

EU-Heimtierausweis und Mikrochip-Kennzeichnung sind für Hunde, Katzen und Frettchen bei der Einreise obligatorisch.

In Wien gilt für Hunde Leinen- oder Maulkorbpflicht, letztere immer in öffentlichen Verkehrsmitteln.

INFORMATION

Vor Reiseantritt kann man sich über Wien und Umgebung online/telefonisch informieren bzw. Prospekte herunterladen/bestellen, Unterküfte buchen etc.

- **Wien Tourismus**
  Wien-Hotels & -Info
  Tel. +43 1 24 555 | www.wien.info
- **Niederösterreich Tourist Information**
  Infos über Ziele in Wiens Umgebung.
  Tel. +43 2742 9000 9000
  (Mo–Fr 9–17 Uhr)
  www.niederoesterreich.at
- **Österreich Werbung Urlaubsservice**
  Infos über ganz Österreich.
  Postfach 83, 1043 Wien
  Tel. 008 00 40 02 00 00
  (gebührenfrei aus A, D und CH tgl. 9–17 Uhr)
  www.austria.info

In Wien erhält man bei folgenden Adressen Infors, Beratung und Hilfe:

- **Tourist-Information**
  Infobüros von Wien Tourismus.
  1. | Albertinaplatz/Maysedergasse
  Tel. +43 1245 55 (tgl. 9–19 Uhr); außerdem am Hauptbahnhof (im InfoPoint der ÖBB, tgl. 9–19 Uhr) und am Flughafen Schwechat (in der Ankunftshalle, tgl. 7–22 Uhr)

URLAUBSKASSE

• Tasse Kaffee	3,90 €
• Softdrink	3,50 €
• Glas Bier	3,70 €
• Frankfurter (Wiener)Würstchen	3,90 €
• Kugel Eis	1,70 €
• Taxifahrt (pro km)	1,62 €
• Mietwagen/Tag	90 €

- **Österreich-Information**
  Infozentrale der Österreich Werbung.
  3. | Vordere Zollamtsstr. 13
  Tel. +43 1 588 66-0
  (Mo–Fr 9–13 Uhr)

NOTRUF

- Euronotruf 112
- Polizei Tel. 133
- Feuerwehr Tel. 122
- Ambulanz (»Rettung«) Tel. 144
- Pannendienst Tel. 120 (ÖAMTC), 123 (ARBÖ)

ÖFFNUNGSZEITEN

- **Geschäfte:** Die Ladenschlussgesetze haben sich in den letzten Jahren gelockert. Generell kann man Mo–Fr 9–18/19, Sa 9–17 Uhr einkaufen. Läden in Bahnhöfen (Lebensmittel, Blumen, Tabakwaren, Zeitschriften etc.) haben tgl. 7–22.30 Uhr geöffnet.
- **Banken:** Mo, Di, Mi und Fr 8–15, Do 8–17.30 Uhr; einige Filialen sind mittags 12.30–13.30 Uhr geschlossen.
- **Museen:** Montags meist geschlossen; alle weiteren Regelungen sind von Haus zu Haus verschieden.

RAUCHEN

In öffentlichen Gebäuden herrscht Rauchverbot, grundsätzlich auch in der Gastronomie. Jedoch gibt es hier zahlreiche Ausnahmen bzw. es wird teilweise nicht konsequent umgesetzt.

STADTRUNDFAHRTEN/-RUNDGÄNGE

- Mehrere Veranstalter bieten Stadtrundfahrten **per Bus** an, z. B. Big Bus (Tel. 905 910 00, www.bigbustours.com/de/vienna) oder Vienna Sightseeing Tours (Tel. 712 468 30, www.viennasightseeing.at), bei beiden auch als Hop-on Hop-off-Touren mit Ein- und Ausstieg nach Belieben.
- Wien **vom Wasser aus** zeigt auf Donaurundfahrten DDSG Blue Danube Schifffahrt GmbH (Tel. 588 80-0, www.ddsg-blue-danube.at) › **auch S. 151**
- In der warmen Jahreszeit ein Muss: eine **Rundfahrt im Fiaker.** Standplätze befinden sich am Stephans-, Helden- und Albertinaplatz. Kosten für 20 Min. ca. 55 € pro Kutsche, für die »große Rundfahrt« ca. 80 €.
- **Pedal Power:** Veranstaltet Stadtführungen per Fahrrad und Segway (Tel. 729 72 34, www.pedalpower.at).
- **Wiener Spaziergänge:** Sehr gute Thementouren von Fremdenführern. Dauer ca. 1–2 Std., 16 € exklusive Eintritte (Tel. 0660 661 95 17 u. 0664 260 43 88, www.wienguide.at).
- **Welcome Tour Vienna:** In 2 bis 2 Std. amüsant in Englisch geführt den historischen Stadtkern erkunden. Am Ende zahlt jeder freiwillig nach eigenem Ermessen. Zwei Fixtermine tgl. um 10.30 u. 14.30 Uhr, Treffpunkt Albertina (www.welcometourvienna.at).
- **Oldiefahrt:** 1- bis 5-stündige Touren in Stadt und Umland im stilvollen Miet-Oldtimer (Bj. 1935–1960) mit Chauffeur, zu noch akzeptablen Preisen (Tel. 0664 411 88 93, www.oldiefahrt.at).

TRINKGELD

Im Restaurant sind bei Zufriedenheit 5–10 % angemessen, beim Bezahlen wird gleich aufgerundet und der Rechnungsbetrag inklusive Trinkgeld beglichen. Zimmermädchen erhalten 1–3 € pro Tag. Auch Zimmerservice, Portier oder Taxifahrer bekommen i. d. R. eine kleine Summe. › **mehr S. 19 Punkt 46**

ZOLL

Für EU-Bürger gibt es nach/von Österreich im Rahmen des Eigenbedarfs im Prinzip keine Reisemengenbegrenzung.

Für Schweizer sind bei der Einreise pro Person über 17 Jahre 200 Zigaretten (oder 50 Zigarren oder 250 g Tabak), 3 l alkoholische Getränke zollfrei.

REGISTER

A Akademie der bildenden Künste 100
Akademie der Wissenschaften 86
Albertina 70
Altes Rathaus 89
Am Hof 90
Ankeruhr 89
Arsenal 106
Augarten 125
Augarten, Porzellanmanufaktur 18, 38, 126
Augustinerkirche 17, 72

B Bad Deutsch-Altenburg 147
Baden bei Wien 144
Beethoven, Ludwig van 56, 107, 133, 145
Beethoven Museum 135
Belvedere 21, Museum 106
Belvedere, Schloss 104
Bermudadreieck 93
Bestattungsmuseum 123
Böhmische Hofkanzlei 89
Börse 78
Burgkapelle 73
Burgtheater 41, 75

C Café Museum 100
Central, Café 37, 92
Circus- & Clownmuseum 123
Cobenzl 12, 138

D DC Tower 16, 130
Demel, Konditorei-Café 37, 40, 72
Denkmal gegen Krieg und Faschismus 70
Doderer, Heimito von 59, 107, 135
Dommuseum 84
Donauinsel 128
Donauturm 130
Dorotheum 39, 71
Dritte Mann Museum 13

E Ephesosmuseum 75
Ernst-Fuchs-Museum 15, 54
Esperantomuseum 91

F Fälschermuseum 124
Florianigasse 93
Flughafen Schwechat 24
Franzensburg 146
Franziskanerplatz 88
Freigut Thallern 144
Freihausviertel 93, 99
Freud, Sigmund 77, 92
Freyung 90

G Gasometer City 127
Georgenberg 116
Globenmuseum 91
Gloriette 112
Graben 72
Grinzing 135
Grinzinger Friedhof 135
Grüner Prater 120
Gumpoldskirchen 144

H Haas-Haus 84
Habsburgwarte 114
Hauptbahnhof 25
Haus der Musik 67
Haus des Deutschen Ordens 84
Haus des Meeres 16
Haus Scheu 116
Haydn, Joseph 56, 107
Heeresgeschichtliches Museum 106
Heiligenkreuz 145
Heiligenkreuzer Hof 88
Heiligenstadt 133
Heurige 35, 132, 136, 138
Hietzing 115
Hinterbrühl 142
Hofburg 72, 73
Hoher Markt 88
Höldrichsmühle 142
Holocaust-Denkmal 90
Hundertwasser, Friedensreich 122, 124
Hundertwasserhaus 122
Hundertwasser Village 124

I Imperial, Hotel-Café 37, 40

J Jesuitenkirche 86
Johann-Strauß-Wohnung 125
Josephinum 123
Jubiläumswarte 114
Judenplatz 90

K Kahlenberg 138
Kapuzinergruft 67
Karl-Marx-Hof 133
Karlskirche 102
Karlsplatz 100
Karmeliterplatz 124
Kirche am Steinhof 54
Kirche Zu den neun Chören der Engel 90
Klosterneuburg 140, 146
Kohlmarkt 72
Konzerthaus 43, 103
Kriminalmuseum 126
Kunsthalle Wien 81, 101
KunstHausWien 124
Kunsthistorisches Museum 79
Künstlerhaus 101

L Lainzer Tiergarten 48
Leopold Museum 80

Leopoldsberg 138
Leopoldstadt 124
Letztes Erfreuliches Operntheater (L.E.O.) 28
Liechtenstein, Burg 142
Looshaus 72

Margaretenstraße 93
Maria am Gestade 89
Maria Enzersdorf 142
Maria Gugging 141
Marionettentheater Schloss Schönbrunn 16
Märkleinsches Haus 90
Mayerling 145
Medizinhistorisches Museum Josephinum 123
Mödling 142
Mozarthaus 85, 107
Mozart, Wolfgang Amadeus 13, 56, 85, 107
Museum für angewandte Kunst 86
Museum Moderner Kunst Stiftung Ludwig (MuMok) 80
MuseumsQuartier 80
Musikverein 42, 102

Naschmarkt 40, 98
Nationalbibliothek 72
Nationalpark Donauauen 48, 146
Naturhistorisches Museum 80
Neues Rathaus 76
Nussdorfer Schleuse 54, 151

Orth, Schloss 146
Otto-Wagner-Häuser 96

Palais Collalto 90
Palais Ferstel 92
Palais Harrach 90
Palais Kinsky 90
Palais Liechtenstein 78
Parlament 76
Pasqualatihaus 107
Pathologisch-Anatomische Bundesmuseum 123
Perchtoldsdorf 142
Pestsäule 72
Peterskirche 72
Petronell 147
Postsparkassenamt 54, 86
Prater 119
Pratermuseum 119
Prinz Eugen 105
project space (Kunsthalle Wien) 101

Rathauspark 76
Rauchfangkehrermuseum 123
Riesenrad 119
Ringstraße 12, 77, 78
Ringturm 78
Römermuseum 88
Römertherme Baden 145
Rossauer Kaserne 151
Ruprechtskirche 87

Sacher, Hotel-Café 30, 40
Schatzkammer (Deutscher Orden) 84
Schatzkammer (Hofburg) 74
Schlossgasse 93
Schönbrunn, Schloss 108
Schottenstift 91
Schubert, Franz 56, 107
Schubert-Geburtshaus 107
Schubladkastenhaus 91
Secession 53, 54, 99
Seegrotte Hinterbrühl 144
Sigmund-Freud-Museum 77
Sisi-Museum 74
Spanische Hofreitschule 73
Sperl, Café 96
Spittelberg 81, 93
Staatsoper 42, 66
Stadtpark 104
Stallburg 72
Stephansdom 82
Stephansplatz 84
Sternwarte 127
St. Marxer Friedhof 13
Synagoge 87

Technisches Museum 115
Theater an der Wien 98
Theatermuseum 71
Tiergarten Schönbrunn 110

Universität 77
UNO-City 130
Urania 126

Villa Skywa-Primavesi 116
Villa Steiner 116
Volksgarten 75
Volksprater 119
Votivkirche 78

Wagner, Otto 53, 54, 86, 100, 115
Waschsalon Nr. 2 133
Weltmuseum Wien 74
Werkbundsiedlung 115
Wiener Philharmoniker 67, 102
Wiener Sängerknaben 75
Wienerwald 48, 133, 150
Wien Museum Karlsplatz 103
Wienzeile 97
Winterreitschule 73
Wotruba-Kirche 55, 116

Zentralfriedhof 57

BILDNACHWEIS

Coverfoto Museum für Angewandte Kunst MAK, Wien © mauritius images/Alamy/Viennaslide
Fotos Umschlagrückseite © Fotolia/Photo5000 (links); Jahreszeiten Verlag/Spörl, Lukas (Mitte); dpa Picture-Alliance/Westend61 (rechts)

Centermanagement Gasometer/Korrak, Peter: 127; dpa Picture-Alliance/APA/picturedesk.com: 36; dpa Picture-Alliance/Falkenstein, Heinz-Dieter: 51; dpa Picture-Alliance/Fohringer, Helmut: 123; dpa Picture-Alliance/Hackenberg, Rainer: 93; dpa Picture-Alliance/Lenz, G.: 35; dpa Picture-Alliance/Mangione, Jeff: 58; dpa Picture-Alliance/Rausch-Schott, Michael: 16; dpa Picture-Alliance/Siepmann, Martin: 19; dpa Picture-Alliance/Techt, Hans Klaus: 141; dpa Picture-Alliance/Westend61: 128; Ehm, Ian: 56; Fotolia/Blickfang: 113; Fotolia/Jargstorff, Wolfgang: 77; Fotolia/Luccazzito: 112; Fotolia/Photo5000: 109, 147; Fotolia/Serada, Thomas: 23; Fuchs, Christa: 28; Getty Images/Harper, John: 62/63; Getty Images/IMAGNO/Schweitzer, Urs: 45; Getty Images/Pompe, Ingolf: 136; Huber Images/Croppi, Gabriele: 101; Huber Images/Mirau: 91; Huber Images/Fantuz, Olimpio: 104; Huber Images/Schmid, R.: 132; iStockphoto/Clerk, George: 89; Jahreszeiten Verlag/Spörl, Lukas: 6/7, 9, 13, 14, 15, 18, 20/21, 32, 53, 94, 98, 102, 106; K. u. K. Hofzuckerbäcker Ch. Demel's Söhne GmbH: 40; laif/Rois, Evelyn/Stubenrauch, Bruno: 125; laif/Steinhilber, Berthold: 46/47; leopoldmuseum: 80; Lookphotos/ClickAlps: 117; mauritius images/Alamy/Dafos, Luis: 61; mauritius images/Alamy/Preusser, Volker: 44; mauritius images/Chromorange/Perc, Franz: 57; mauritius images/Preusser, Volker: 139, 149; Österreichische Natonalbibliothek Wien: 73; Palais Events Wien: 92; Shutterstock/creativemarc: 115; Shutterstock/Harris, Roy: 27; Shutterstock/Ionescu, Bogdan: 122; Shutterstock/Jandi, Attila: 67; Shutterstock/JJFarq: 131; Shutterstock/Kinney, Brian: 25; Shutterstock/Kompanieitseva, Anna: 118; Shutterstock/Maylat: 70; Shutterstock/Mistervlad: 64; Shutterstock/mRGB: 120; Shutterstock/Petrova, Anastasia: 65; Shutterstock/pisaphotography: 83; Shutterstock/Tupungato: 79; stock.adobe.com/Todorovic Aleksandar: 107; Wagner: Werk Museum Postsparkasse: 54, 87; Weiss, Walter M.: 8, 10; Wien Tourismus/Lammerhuber Lois: 74; Wikipedia/König, Felix: 144; Wrba Ernst: 55.

Liebe Leserin, lieber Leser,
wir freuen uns, dass Sie sich für diesen POLYGLOTT on tour entschieden haben.
Unsere Autorinnen und Autoren sind für Sie unterwegs und recherchieren sehr gründlich, damit Sie mit aktuellen und zuverlässigen Informationen auf Reisen gehen können.
Dennoch lassen sich Fehler nie ganz ausschließen. Wir bitten Sie um Verständnis, dass der Verlag dafür keine Haftung übernehmen kann.

Ihre Meinung ist uns wichtig. Bitte schreiben Sie uns:

GRÄFE UND UNZER VERLAG
Postfach 86 03 66, 81630 München, Tel. 0 89 / 419 819 41
www.polyglott.de

LESERSERVICE
polyglott@graefe-und-unzer.de
Tel. 0 800 / 72 37 33 33 (gebührenfrei in D, A, CH), Mo–Do 9–17 Uhr, Fr 9–16 Uhr

1. Auflage 2019

Dieses Buch wurde auf chlorfrei gebleichtem Papier gedruckt.
ISBN 978-3-8464-0406-5

Bei Interesse an maßgeschneiderten B2B-Editionen:
gabriella.hoffmann@graefe-und-unzer.de

Verlagsredaktion: Anne-Katrin Scheiter
Autor: Walter M. Weiss
Redaktion: Christian Steinmaßl
Bildredaktion: Marie Danner und Anne-Katrin Scheiter
Mini-Dolmetscher: Langenscheidt
Umschlaggestaltung & Layout: Independent Medien Design, München Horst Moser (Artdirection), Lucie Heselich
Karten und Pläne: Theiss Heidolph und Kunth Verlag GmbH & Co. KG
Satz: uteweber-grafikdesign
Herstellung: Anna Bäumner
Druck und Bindung: Printer Trento, Italien

PEFC
PEFC/18-31-506

GRÄFE UND UNZER

Ein Unternehmen der
GANSKE VERLAGSGRUPPE

MINI-DOLMETSCHER WIENERISCH

Selbst in Österreich erkennt man den Wiener sofort, so eigen ist sein Idiom. Und natürlich gibt es in der Hauptstadt alle Spielarten des Wienerischen, vom gepflegten Dialekt bis zur fast unerträglichen Hinterhofgoschen. Der Satz »Der hod a Goschn wiara Schwead« (»Er hat ein Mundwerk wie ein Schwert«) nimmt letzteres Talent fast ehrfurchtsvoll zur Kenntnis: Man zieht meist den Kopf ein, um nicht von heftigen Wortkaskaden tödlich getroffen zu werden. Als Nicht-Wiener kommt man natürlich mit der deutschen Sprache bestens zurecht. Selbst Wienerisch sprechen zu wollen, sollte man besser bleiben lassen. Den richtigen Ton trifft man ohnehin nicht, und man würde eher Verachtung als Beifall für den Sprechversuch ernten. Einige häufig verwendete Ausdrücke des Wienerischen sollte man aber verstehen:

a geh!	ja so etwas!
abbusseln [obussln]	abküssen
abdraht [oodraad]	schlau
Ameisenwasser [aumaasnwossa]	Cola
babaa	adieu (unter Freunden)
biberln [bipaln]	trinken
blad [blaad]	dick
bumsti!	hoppla
Dalk [dalg, doig]	Tollpatsch
damisch	benommen, betäubt
Doppler [dobbla]	Zwei-Liter-Flasche (Wein)
Drüberstreuer [driwaschdraara]	letztes Glas zum Abschied
Dulliöh [duliä]	Schwips
eingespritzt [eigschbrizzt]	beschwipst, alkoholisiert
fad [faad]	langweilig, geschmacklos
fesch	gut aussehend
Fleischhacker (fleischhocka]	Metzger
Flitscherl [flidschal]	leichtsinniges Mädchen
Fotzen [foozzn]	Ohrfeige
fuxen [fuxn]	sich ärgern
gell? [göh]	nicht wahr?
gemma!	gehen wir!
Gerstl [geaschdl]	Geld
giften [gifdn]	sich ärgern
Goschen [goschn]	Mund
Grammel [gramml]	Fettgriebe
Gusto [gusta]	Appetit
Haberer [hawara]	Freund, Kumpel, Liebhaber
haltaus! [hoetaus]	Moment!
hatschen [hadschn]	schwerfällig gehen
Hetz	gute Stimmung
hudeln [huln]	eilen
Kieberer [kiwara]	Polizist
Kracherl [grachal]	Limonade
Kramuri [gramuri]	Kram
kutzen [kuzzn]	husten
lätschert [lädschad]	weich, kraftlos
Leber, duck di! [lewa]	prost!
leiwand [leiwaund]	ausgezeichnet, toll
Marie	Geld
marod	kränklich
mauscheln	verhandeln (im Geheimen)
ins **N**arrenkastl schauen [Noankastl]	ziellos vor sich hin schauen
paff [baff]	verblüfft, erstaunt
Papperl [babbal]	Essen, Mahlzeit
paschen [boschn]	klatschen
patschert [bodschad]	ungeschickt
Pfiff [pfif]	1/8 l Bier
Pickerl [biggerl]	Klebeetikette, die Vignette
Piefke [biefge]	(Nord-)Deutscher
piefkinäuerln [biefginäualn]	mit norddeutschem Akzent sprechen
pomali [bomali]	gemächlich
pressant	eilig
putz di! [buzz di]	verschwinde!
raunzen [raunzn]	klagen, meckern
ka Red davo	niemals!
röhren, rern [rean]	weinen
Sackl	(Plastik-)Tüte
Schani	Diener
schiach	hässlich
Schmäh	Scherz, Witz, Versuch, auf den Arm zu nehmen
Schmus	dummes Gerede
am Sand sein [saund]	in schlechter Verfassung, pleite sein
Simperl [simbbal]	einfältiger Mensch
tramhapert [draamhabbad]	verträumt, verschlafen
Tschecherant	Kneipengänger
Tschecherl [dschächal]	Kneipe
tschicken [dschikkn]	rauchen
überkandidelt [iwakandidelt]	kompliziert, übertrieben
verkutzen [vakuzzn]	verschlucken
waschlnass [-noss]	triefnass
Weinbeisser [weibeissa]	Weinliebhaber, -kenner

CHECKLISTE WIEN

Nur da gewesen oder schon entdeckt?

- [ ] **SUPERLATIVE IN DER HOFBURG**
Der wahrscheinlich prächtigste Bibliothekssaal der Welt, die Lipizzaner und die Schatzkammer erwarten Sie in der ehemaligen Schaltzentrale der Habsburgermonarchie. > S. 73

- [ ] **FLANIEREN AUF DER RINGSTRASSE**
Auf Wiens Vorzeigeboulevard nehmen Sie von der Staatsoper bis zur Universität einem Spalier von K.-u.-k.-Prachtbauten die Parade ab. > S. 78

- [ ] **STAUNENSWERTER STEPHANSDOM**
Im Herzen der Altstadt verdient das Wunderwerk gotischer Steinmetzkunst eingehende Betrachtung. Von seinem Südturm spähen Sie der City ins Dekolleté. > S. 81

- [ ] **WIENS ÄLTESTES KAFFEEHAUS**
Ein Kaffeehausbesuch muss sein! Etwa im 1788 gegründeten und seit 1824 in der Himmelpfortgasse residierenden Frauenhuber, wo Sie Kaffee und Kuchen in großbürgerlichem Ambiente mit Kristalllüster und Plüschbänken genießen. > S. 37

- [ ] **SHOPPEN IM DOROTHEUM**
Im weltweit ältesten der großen Auktionshäuser gerät der Schaufensterbummel leicht zum Kaufrausch. > S. 39, 71

- [ ] **FILMFESTIVAL VOR DEM RATHAUS**
An lauen Sommerabenden erlebt man die Stars von Rock bis Oper Open Air gratis auf Großleinwand. > S. 12, 76

- [ ] **SCHLOSS SCHÖNBRUNN**
Auf Spuren Kaiserin Sisis wandeln Sie durch Prunkräume und Park der habsburgischen Sommerresidenz. > S. 108

MITBRINGSEL

- **Augarten-Porzellan** – fragile Kostbarkeit, wie etwa die beliebten Miniatur-Lippizaner, aus der berühmten Manufaktur > S. 16, 38
- Eine **Sachertorte** als süßes Souvenir zum Teilen mit den Freunden daheim > S. 40